♥ **好情人懂得**，應該透過伴侶的眼睛來看待性愛。

♥ **性愛講究的是兩人整體情愛生活的品質**，而不是複雜的身體組合。

♥ **性愛需要時間、經驗、知識和練習**，才能勝出，才能成為好情人。

♥ **擁有美滿的性生活是令人振奮的經驗**；它能夠以深奧而多樣的方式肯定一個男人和一個女人。

♥ **好情人懂得**，了解情人更甚於了解自己。你不應該只透過自己的感知來看待性愛，應該透過伴侶的眼睛來看待性愛。

♥ **別讓性愛變成冗長生活清單中最後一件要做的事。**

♥ **男女都一樣**，性愛滿足的關鍵之一是讓你的伴侶不斷猜測。

♥ **在男人的內心深處**，不只是想要自己滿足，也想滿足伴侶。他真正想看見的是妳非常享受他帶給妳的愉悅。大部分男人都想成為老婆心目中的英雄。

♥ **伴侶一旦適應了彼此**，就變成習慣的動物，而忘了那些迷人的小細節。

♥ **在這個星球上**，沒有一個男人不想知道他可以令他的女人在床上瘋狂。

♥ **男人！照顧好每個細節**，讓你的女人能真正放鬆，享受性愛。

♥ **將禁忌放在一旁**。盡力接受自己的身體，並毫無保留地獻給妳的另一半。好好享受，確定妳的伴侶看見並聽見妳的愉悅。幫助他取悅妳。

♥ **事實上，大部分的女人第一次做愛並不會達到性高潮**。你們需要好一陣子才懂得如何幫助女人達到高潮。這不算「失敗」，你們的目標是享受對方的身體。

♥ **男人必須對女人似乎永遠達不到高潮付出耐心**，女人也需要忍耐男人太早解放。

♥ **如果女人說：「就在今晚喔！」**等於給了男人一整天的快樂。不妨讓他帶著愛意和深情想妳一整天。

♥ **男人就是喜歡被撫摸**，而且每個點的反應都不錯。只要觸摸，都會有反應。

♥ **妳的性態度比胸圍大小更重要**，也比妳的腰圍大小更重要，比妳的腿長更重要。

# 床上

## 心理學家才懂的性愛誘惑心理學

【全世界86萬對夫妻受惠】

# SHEET Music

UNCOVERING THE SECRETS
OF SEXUAL INTIMACY
IN MARRIAGE

全球知名心理學家、三十五年婚姻諮商經驗
Dr. Kevin Leman
凱文・李曼博士——著

推薦

# 享受吧！美好性愛是伴侶送給彼此的禮物！

這是一本適合各個年齡層的成年男女閱讀的實用好書！

對年輕人而言，它提供了「新手上路，請多包涵」等級的入門知識，從初夜，男人必讀，女人必讀，到性愛體位和高潮之道，都相當簡明扼要。

對中年人而言，這本書特別實用，因為「男人以為一招可以用一生，女人卻想天天變花樣」，「男人重視感官享受，女人要的是情境鋪陳」，「男人搶時間，非做不可；女人重感覺，無愛不做……」許許多多可供性生活已經變成公式化或公事化的中年男女好好參考。

對老年人而言，這本書也提供了一些老化的性生理變化以及調適之道，同時也鼓勵老人家，性仍舊是上天給予的美好享受，即使已經近黃昏，夕陽還是無限美好。

有個笑話說：一份問卷問年輕的夫妻，什麼時候他們最想做愛，先生回答「清晨」，太太卻回答「週末」，問中年夫妻，先生回答「週末」，太太卻回答「三月」。由此可見兩性的差異是如何地大。很多女人不明白為何男人那麼在意性愛，甚至這還影響到男人的自信與活力；而很多男人也同樣不明白為何女人那麼在意裝扮，甚至這也影響到女人的自信與活力。其實，男人愛性，正如女人愛美！這本書一再地提醒女人應該滿足對方性需求的重要性，同時也一再地提醒男人，如何重視對方的心理需求，才能真正琴瑟和鳴。

我除了在台北醫學大學醫學系教授婦產學科之外，也兼任美國舊金山人類性學高級研究和高雄樹德科技大學人類性學研究教授，因此時常有朋友詢問「性學到底在學什麼？性行為需要學那麼久嗎？」我總是告訴他們，性學有六大領域，而性行為其實只是其中一項之中的一小部分而已！然而人們總是以為自己已經懂得很多。如果有機會好好去研讀相關的著作，就會發現其實所知有限。

這本國際著名大師的著作提供了現代成年男女十分實用的寶貴性知識，因此我鄭重推薦大家身體力行，享受更美好的性生活！

鄭丞傑
（高雄醫學大學附設中和紀念醫院婦科主任、台灣性教育學會名譽理事長、美國舊金山人類高級性學研究院博士）

推薦

# 性愛不再是可做不可說的祕密了！

對許多人而言，特別是對開放如現今的台灣人而言，「性愛」一直是一個禁忌話題，即便人人都想看、都好聽，但總是彆彆扭扭、「猶抱琵琶半遮面」。性與性愛在人們心中確實令人好奇、但又遲疑，以致落入「可做」但「不可說」的社會迷惘中。

問題是，性與性愛是人生非常重要的一部分，幾乎人人知道在婚姻中，性愛的滿足是攸關婚姻的健康與幸福感，但在長期的刻意忽略下，多少男女是抱著疑惑與羞澀走完他們一生的婚姻路，卻無法享受上帝造男造女時所賦予人類享受魚水之歡的快樂與美滿。

在基督教聖經的〈雅歌〉一篇中描繪了男女在婚姻中愛情所給予的歡愉與悸動，非常健康而成功地將夫妻雙方應如何取悅對方、調整自己的教導，深刻表現在字裡行間，是許多人在真正明白這歌詠愛情的奇妙偉大後，要讚嘆的「歌中之歌」。

我們一直不容易看到一本願意誠實而負責地探討夫妻如何經營性愛關係的好書。這書如果要稱為好書，我認為應當具有下述幾個條件：

一、具有促進「美滿人生」的思維與價值：本書明白地期待透過內容，教導夫妻雙方如何建立一個充滿性愛滿足感的健康婚姻。

二、建立在學理與「臨床」的實證資料上：本書作者以其專業學術背景與豐富之臨床輔導經驗，提供第一手正確而不隱諱的資料、知識，是夫妻同時應人手一本的好教材。

三、表達上深入淺出，好讀易懂：野人文化的翻譯向有美譽，此次譯作讀來行雲流水、通暢入目，是適婚年齡者應該參考的好書。

四、雖句句談性，但卻讓人讀之不致遐思滿懷：本書透過婚姻輔導上之案例，真誠地描繪了夫妻在性愛健康滿足上的成長過程，雖充滿「性事」，卻令人無有狎念，是本書特別成功之處。

基於上述優點，我推薦本書給許多陷入婚姻困境的朋友，也建議許多將進入婚姻殿堂的準新人，可以在婚姻輔導的帶領下，懇切而謙卑地學習這上帝應許在婚姻中最高的祝福——「二人成為一體」。

洪英正（淡江大學企管系副教授）

推薦

# 十週年紀念日的最佳禮物！

如果你問我，送給結婚十年紀念日的夫妻，最好的禮物是什麼？《床上》！讀完這本書之後，我會毫不猶豫的這樣告訴你。

結婚十五年，我的婚姻，一度陷入低潮。曾有無數的夜晚，我躺在床上，聽著身邊呼聲如雷的男人，想著：我要怎麼樣才離得了婚？也曾有無數的夜晚，我憤怒的面對夜不歸營的男人，吼叫著：「你只記得我們多久沒上床，怎麼不記得你多久沒回家吃晚飯？」

婚姻，是一場男女之間永不停息的戰爭。「性」，同時可以是其中的導火線，也可以成為影響驚人的炸藥或是防彈衣。有些男人用「性」當藉口，有些女人用「性」當手段。有些人依靠「性」過活，有些人視「性」為畏途。「性」的影響之大，有些生物一輩子的準備，就只為了一次的交媾。但，很可惜，很少有人告訴我們，「性」究竟有多麼重要？重要到我們應該要放下家務與財務，放下孩子與房子，專心經營「它」。

在婚姻狀況有所改善之後，有一次，我老公若有所悟：「其實妳也不是很難搞嘛！只要早點回家、做點家事，妳也就滿足了！」當場我苦笑一陣：「天啊！這麼簡單的道理，你需要參悟十五年嗎？」

事實上，很多經典道理，男人真的參不透。像是：

「男人！如果你的態度是：嗯，寶貝，妳今晚想不想愛愛？那你實在不了解自己會錯過什麼。抱持這樣的態度，你充其量只會擁有遷就你的妻子，絕不會是一個熱情如火的老婆。我可以給你世界上最好的性愛技巧，但是抱持那樣的態度，你的性生活依然會走入絕境。

「讓女人熱起來的原因是：老公幫她做家事、打理好自己、幫忙照顧小孩、安排約會、全心全意關懷她。如果男人持續且殷勤地這麼做，他會發現十有六次，老婆已經準備好享受積極且充滿愛的生活。這是對真誠情愛生活的自然回應。」

此外，也有很多經典道理，女人始終不想相信。像是：

「一旦你的婚姻變得更好，通常性生活也會變得更好。一旦你的性生活變好，往往也就改善了婚姻中的其他面向。此兩者複雜地糾纏在一起，因此，在任何一方付出更多努力，都是非常好的投資。

「為人妻的女性，妳希望老公成為更好的父親嗎？妳希望他花更多時間在家嗎？妳要他更用心聽妳說話嗎？如果妳希望得到這些，就幫他在性愛上得到滿足。」

讀完《床上》，祝福你，可以擁有更美好的婚姻。

陳安儀（知名媒體人、親子作家）

# 目錄

到達「那裡」，高潮迭起

目標是讓兩人更親密而不是純粹為了高潮！／達到高潮是需要學習的技能

試著了解自己的性反應／男女都要練習凱格爾運動／性高潮也是自己的責任

請記住，性愛的重點在關係，技巧反倒不那麼重要／男人啊！要幫女人加溫

男人如何延緩高潮？

練習「停止—開始法」／請另一半協助擠壓／拉陰囊，冷卻一下熱情

計畫一個狂歡之夜

享受高潮迭起的情愛生活

# 7 口中樂趣，用嘴愛愛 135

讓妳的男人徹底狂歡！

讓你的女人直達高潮！

手口並用

口愛妙招

～了解妳的男人～

## 10 三十一種滋味──讓性愛升溫的情愛蜜招 179

# 寫給讀者

本書部分內容會讓某些讀者覺得太過直接或坦率。每一個人的性愛觀（以及影響男女思想和行為模式的背景）都不同。然而，如果你願意穩步前進，追求你可以想像的最佳婚姻，那麼這本書是為你而寫。它會擴展並挑戰你對「性」的思維。它不只是一本操作手冊，更是一本自我觀察書，讓讀者看清為什麼要這麼做以及怎麼做會更好。

撰寫《床上：心理學家才懂的性愛誘惑心理學》這本書的目的並不是要讀者對已經做了或還沒有做的事情感到內疚，而是要幫助你明確指出腦海中的想法以及你和伴侶之間的關係，如此，讀者才能擁有積極、滿足的性生活。

如果你是婚前準新人，請讀第一章至第四章，以及「男人專屬」和「女人專屬」兩章。不過請先讀到這裡就好，其餘的留待婚後再看吧！

# 1 兩對夫妻的愛與性

「嗯，寶貝，妳今晚想不想愛愛？」

如果你只抱持這樣的態度對待另一半，充其量只會得到遷就你的妻子，絕不是熱情如火的老婆。

吉姆和凱倫結婚二十一年。他們跟許多年輕夫妻一樣，性愛觀相當不切實際。蜜月期過後，「時好時壞」是兩人性生活的最佳寫照；婚後差不多十五年，他們才真正了解問題點。吉姆總是在找尋「仙丹妙藥」（更糟的是，他以為他找到了）。他嘗試新方法，例如，擁抱凱倫的方式、輕摟她或溫柔觸摸某一處敏感的點位，聽見她呻吟後，心想：太棒了，找到鑰匙了！我就要開啟她狂野的性欲了。

儘管凱倫真的享受那樣全新的觸摸，但是她學會了呻吟要有所保留，因為吉姆只要聽到一次，就會在往後的五十至一百次做愛中完全用同一招。

凱倫永遠不了解，為何要花一百次的靜默才能戰勝一次呻吟。她可以料到吉姆下一步要做什麼。於是，曾經令凱倫熱情如八月天的招式，如今卻讓她冷若冰河。

吉姆感到挫敗，心想（但是從不表達）：我知道我做對了。它成功過一次！為什麼現在沒效了？我一定是不夠溫柔（或不夠快，或哪裡做得跟以前不一樣）。

## 男人以為一招可以用一生，女人卻想天天變花樣

第一次跟吉姆見面，我給了他一份簡單的作業。我說：「吉姆，我要你回家看你太太的衣櫥，再看看你自己的衣櫥。告訴我你注意到哪裡不一樣。」

「李曼博士，我不需要回家看，」他說：「我都記得清清楚楚。」

「那麼，好，看看鞋子，你注意到有什麼不一樣？」

「喔，她有五十雙鞋，我有三雙。」

「我來猜猜看，有上班鞋、網球鞋、庭院裡的工作鞋。」

「沒錯。」

「現在，如果你算一算她的套裝，再算算你的套裝，又有什麼發現？」

「我需要計算機才算得出她的套裝，可是我用十根手指頭就算得出我的套裝。」

「這告訴你什麼？」

「是她喜歡買衣服嗎？」

「嗯，是的，可是談到性，這表示什麼？」

「嗯，她性感的服裝不多，如果這是你要的答案。」

我想敏銳不是吉姆的長處，而決定把話講得更白一點。

「吉姆，我要表達的是，你太太似乎比你喜歡變化。她不想在星期一、星期三和星期五都穿同樣的衣服。事實上，兩週後的星期一，她可能也不會穿同樣的服裝。她要的是多變。」

「你懂嗎？有些男人把性愛當作足球教學範本。我們知道要做什麼、怎麼做、在哪裡結束。但衍生的問題是：老婆很快就覺得這樣的例行公式挺無聊。她們有辦法記錄我們的動作，然後在大約十秒鐘內，預測出我們要在樓上待多久才下樓。你太太要的不只這些。」

我看見吉姆似乎靈光一閃。我說的話有道理。

「吉姆，接下來是你的工作，」我繼續說：「在性愛這方面，你太太在星期二晚上和星期六早上可不是同一個女人。某天晚上，她可能要的是冒險刺激或趕快辦完事，她只要你『占有她』就行了。但某幾天早晨，她可能想要慢調、緩慢的性愛，要你花好多時間說服她跟你愛愛，你的工作是在那個特別的日子搞清楚吹什麼風。」

就這樣，沒有花多少力氣。我不需要把吉姆轉診「性輔導師」（我也從來沒有做過這樣的事），他不需要看影片，也不需要購買三、四千元的「性愛輔助器材」。

事實上，吉姆領悟到，性愛是一整天的韻事。他採納了一種全新的心態，配合凱倫的步調，成為床第高手。

七年後的現在，性愛瀰漫在吉姆與凱倫所做的每一件事情中。如果你沒有體驗過，你不會相信美滿的性愛是令人驚奇的「婚姻強力膠」。

三年前，吉姆的老闆成為密西西比東部最可恨的男人，他讓吉姆陷入一份他所憎恨的工作裡。等你到了四十多歲，才發現工作陷入瓶頸，大概是最糟糕的感覺。吉姆打從心底不願意再走進辦公室，可是想到兩個念中學的雙胞胎（不久就要上大學了），以及兩個剛上小學的幼兒，他別無選擇。現在可不是冒家庭財務風險的時機。

某個週五，吉姆收到凱倫的電子郵件。這是他進辦公室坐下來後看到的第一件事：

> 好消息！今晚，兩個小不點要去祖母家，大男孩們要去聚會。我在Palazzi's（吉姆最愛的餐廳）訂了八點鐘的位子。如果你能夠六點前回家，我們就有一個半小時時間享受那道開胃菜——我打算「穿」☺。附帶一提，如果你看一下公事包，就會找到一張拍立得相片。把它當作你的飯前「菜單」吧！等不及見你了。
>
> 你的凱倫

你知道吉姆看完電子郵件後說了什麼嗎？別忘了，他正陷在工作泥沼中，財務壓力愈來愈大。他的老闆是個混蛋，他讓吉姆每天活在水深火熱之中。縱使如此，吉姆關了電子郵件，自語：「我是世界上最幸運的男人。」

擁有美滿的性生活是令人振奮的經驗；它能夠以一種不同於人類經驗的方式讓丈夫和妻子結合；你體認到老婆真的關心你，妳認知到老公最渴望妳的身體，以深奧且多樣的方式肯定一個男人和一個女人。

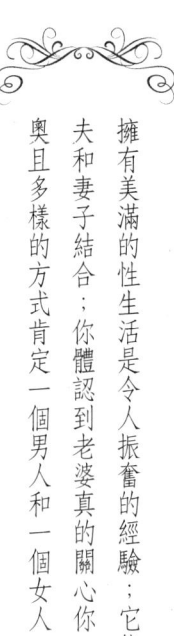

附帶一提，吉姆和凱倫的孩子們因為這封電子郵件得到不少好處。他們終於到祖母家接兩個小不點時，吉姆早已等不及見到他們。因為吉姆已經在性愛上得到滿足，他可以聚焦在跟孩子的相處上，聽他們訴說一整天發生的事情，花時間哄他們上床睡覺。別以為孩子們沒有注意到那晚吉姆和凱倫是何等深情款款。這給了孩子們安全和快樂的感受，讓孩子們認為：「我們擁有世界上最好的家庭。」

對吉姆和凱倫來說，性滿足並非一夜之間出現。但是當它來臨時，卻改變了家中的一切。老實說，吉姆願意為凱倫而死；他願意不加思索地為凱倫擋子彈，他願意為她做任何事。

## 當伴侶需要你的時候，你聽見了嗎？

馬克和布蘭妲面臨性愛上的挑戰。他們在婚前就性生活頻繁，雙方也都承認性愛非常令人興奮。但是婚後沒多久，關係便冷卻了。馬克似乎不再像從前那般渴望，布蘭妲的作風也不再大膽。

起初，馬克和布蘭妲認為是孩子的關係。他們婚後不久懷孕，有兩名不到五歲的孩子。隨著時間流逝，性愛次數減少，最後幾乎成了他們不曾仔細考慮的尷尬念頭，因為兩人都認為：嗯，無論如何，應該每個月至少做一次吧！

馬克擁有高薪的工作和一位好老闆，不過他的壓力很大。身為一名業務員，表現好就有慷慨的報酬；若業績掉入倒數三名，就會被開除。當時馬克的績效排名只跟上一季一樣。

馬克有一個自認為十拿九穩、值上千萬的案子，一切只差簽約。然而，當他走進這個案主的辦公室，卻震撼地聽到：「我很抱歉，馬克，我們已經決定跟別人合作了。」

「你一定是在開玩笑吧！我們為這個案子談了兩個月，上週你才說看來行得通。我們要怎麼做才能贏回你的生意呢？」

案主回答：「太遲了，我們已經簽下另一份合約了。」

大為震驚的馬克茫茫然地走出辦公室，回到車上。手機響起，他本能地接了起來，但是接通後立即後悔。

「馬克！」他的老闆透過話機喊道：「我想我應該請你去那家新開的義大利餐廳吃午餐，慶祝你拿下安德里森的案子。」

馬克巴不得當場將手機吞下肚。

五小時後，馬克吃了一頓孤獨的午餐，喝了許多酒，開始反省他的生活變成了什麼樣。去年他賺到六位數的收入，然而現在卻面臨工作保不保得住的危機。老闆聽到安德里森客戶的消息時，就是這樣提醒他。

他跟布蘭妲上一次開心的玩，距離現在多久了？馬克想起他們捨不得鬆開雙手的日子，如今卻像兩個室友，同床異夢。孩子出生後，他們似乎就局限在數十坪的家中。馬克盼望著：他跟布蘭妲能夠讓世界消失幾個小時、迷失在彼此的擁抱中，就像當年那樣。

馬克決定改變，並打電話給布蘭妲：「我今天糟透了！我們今天晚上可以出去嗎？」

這是馬克的真情吶喊，遠勝過當面痛哭，但是布蘭妲並不了解。她忙了一天，加上已經很少跟丈夫接觸，聽不出馬克的請求中流露的情感，因此她的回答簡明扼要：「馬克，現在五點鐘！這麼晚了，我臨時找不到保母。你在想什麼啊？你每次都不事先跟我商量。」

馬克想告訴布蘭妲他很想她，渴望她像過去一樣熱情，願意翹課陪他「鬼混」一下。不過他今天試過後卻得到這樣的結果！因此他進入防衛模式。

「嗯，那算了。」他說完話，掛上電話。

回家的路上，馬克在酒吧逗留，打撞球打到晚上十一點。他知道他那麼晚還逗留在外會被布蘭妲指責，但是布蘭妲不了解他所承受的壓力。

布蘭妲也不了解馬克為何一週自慰兩到三次，而馬克每次自慰後就覺得自己對布蘭妲的渴望又少一些。他厭倦了勉強遷就，但卻又從不追求自己想要的。

對布蘭妲來說，她太忙著照顧小孩，並沒有察覺馬克的改變。事實上，她很感謝馬克不再強迫她愛愛；她太累了，累到根本不想動。她從來沒想到馬克是靠自己的雙手解決問題，而且熟練到會將色情圖片藏在她從沒發現的電腦中。

布蘭妲不會了解，冷淡的性生活會讓他們付出多少代價。如果他們不扭轉事態，非常可能在未來的五年內離婚。

孩子們注意到媽媽和爸爸很少深情相對，而且經常不耐煩。他們可以感受到「檯面下」的異樣。一股不滿即將沸騰，卻從來沒有公開，孩子們活在這環境營造出的恐懼與不安之中。

布蘭妲愈來愈將重心放在孩子身上，想透過孩子滿足自己情感上的空虛；而馬克對工作愈來愈有興趣，在家則對電腦比較感興趣。

兩人正上演著這首無名詩描述的可悲事實。

## 牆壁

桌上的結婚照在嘲笑他們，兩人的心不再相互接觸。
他們與兩人間的巨大障礙一起生活，連續重擊般的大吵和火砲般的接觸，
都無法擊倒這道障礙。
在某個地方，介於第一個孩子初次長牙和么女的畢業典禮之間，他們失去了對方。
幾年下來，每個人都慢慢解開名為自我的交纏線球，
他們用力拉著難解的結，每個人都將自己的探索隱藏起來，不讓對方看到。
有時候，她在夜晚哭泣，乞求低語的黑暗告訴她，她是誰。
他躺在她身邊，像冬眠的熊一樣打著鼾，渾然不知她過著寒冬。
有一次，他們做完愛，他想告訴她他多麼怕死，
然而，因為害怕將自己的靈魂赤裸地呈現出來，他反倒讚美她胸部很美。
她上了一堂現代藝術課，
試圖從潑濺在畫布上的色彩找到自己，向其他女人抱怨男人感覺遲鈍。
他爬進一座名為「辦公室」的墳墓，拿一層紙包裹自己的心，然後將自己埋入客戶群中。

慢慢地，他們之間築起了那道牆，以冷漠為灰泥砌成的。

一天，他們伸手要觸摸對方，卻發現了一道無法穿透的障礙，

然後他們退縮了，因為石頭冰冷，雙方都在躲避另一側的陌生人。

當愛死亡時，不是因為一時憤怒的爭吵，也不是因為火熱的身體失去了熱度。

它躺著喘氣，筋疲力竭，氣絕在無法攀登的牆腳下。

## 誰說性生活不重要？

兩對夫妻。兩則故事。一個現實。

如果你認為「性愛」不重要，你真是錯得可悲。許多人被性愛所傷，因為性愛的記憶而痛苦。不過假使你已婚，性愛會是你生活中最重要的一環，不管你認同與否。如果你不用這樣的方式看待「性」，不將它視為最重要的事情，等於在欺騙自己、伴侶和孩子。

事實上，這的確是一本難寫的書，因為談論性愛並不容易。我們開「性」的玩笑，拿下流的故事、電影和雜誌來貶抑它，然而我們從來不拿造物主設計它的初衷來談論夫妻間的性愛。夫妻間的性愛常被忽略，這樣可悲的現況會讓彼此付出可怕的代價。

但是只要人們在無威脅的環境裡談論「性」，就不可能要他們住嘴！一旦開了口，他們就想談論「性」，因為他們知道「性」在婚姻生活中是一股強大的力量。

我希望這本書會擴展並挑戰你對「性」的思維。它不只是一本操作手冊，更是一本自我觀察書，讓讀者看清為什麼要這麼做及怎麼做才能更好。

我要重新喚起你，在你跟伴侶同行的生命旅程中，共同享受這份美好禮物。這本書並不是要你覺得內疚，而是要擴展你的思維，讓你與你所愛的人更能夠擁有積極、滿足的性生活。

我不是性治療師，而是心理學家。

雖然我們會談論性愛的生理層面，不過我的專業卻是處理發生在你們腦海中的想法與男女關係。那才是大部分婚姻需要優先治療的地方。

此外，如果兩人之間擁有健康的關係，通常會關照到生理方面。如果你們決定大膽嘗試性愛，不論採取什麼方式都不會完美無缺；你們也會失敗，但願這時候，你們會一笑置之。沒有人的性生活是每一次經驗都拿滿分。你可能要滿足於常態的八分或六分，甚至是偶爾不及格。

本書的目的在幫助你了解，對彼此而言，你是一份獨一無二且美好的禮物，你也可以運用獨一無二且美好的方式，在肉體和愉悅的感受中表達你的愛。

與數千對夫妻談話的經驗讓我深信，性愛是件美好的禮物，會使一切變得更美好。

性生活通常是兩人婚姻的縮影。雖然也會有性生活美滿，但婚姻卻乏善可陳的夫妻，不過這很罕見，每隔幾年才會遇見一對。最常見的是，如果婚姻觸礁，性愛也隨之墜入谷底。

## 男人希望取悅女人，女人希望男人體貼！

我想在本書一開始就對男人說句話。我知道你巴不得我們立即進入精采的部分。但是先讓我把婚姻中的性愛擺進一個全然不同的背景中。

你必須知道，女人每天都在心裡問：他眞的愛我嗎？他眞的在意我嗎？她如何測量那份愛？她如何知道有人真的在乎她？這樣的測量通常不是經由性愛，且恰恰會讓女人對性愛倒胃口的，就是覺得另一半只在意性愛。女人認為如果她的主要角色是在伴侶要求性愛時只能樂意接受，她會覺得被貶低且不受尊重。

男人！如果你的態度是：嗯，寶貝，妳今晚想不想愛愛？那你實在不了解自己會錯過什麼。抱持這樣的態度，你充其量只會擁有遷就你的妻子，絕不會是一個熱情如火的老婆。我可以給你世界上最好的性愛技巧，但是抱持那樣的態度，你的性生活依然會走入絕境。

讓女人熱起來的原因是：老公幫她做家事、打理好自己、幫忙照顧小孩、安排約會、全心全意關懷她。如果男人持續且殷勤地這麼做，他會發現十有六次，老婆已經準備好享受積極且充滿愛的生活。這是對真誠情愛生活的自然回應。

我們來談談這十分之六的機會。

女人！妳可能會頗感訝異，但是老公想跟妳愛愛真的不只是為了自己的性慰藉，事實是，他想取悅妳的欲望勝過他自己想被取悅。感覺上，好像這一切都跟他有關，不過在情感上，他真正想看見的是妳非常享受他帶給妳的愉悅。如果他因為某種原因沒有做到這點，便會覺得缺乏信心、寂寞、不再被愛。大部分男人都想成為老婆心目中的英雄。

這是我的理論，男人當過小男孩，現在還是一樣。

我們想要取悅自己生命中最重要的女人。六歲時，想取悅的是媽咪；二十六（或三十六、四十六或六十六）歲時，取悅我們的新娘。

當婚姻中的性愛枯萎時，男人失去了可以在肉體上取悅女人的成就感，女人則失去有個男人可以受她的美麗媚惑的滿足感。

對男人和女人而言，性愛非常親密，它與婚姻中的每個最小元素複雜地相互連結。如果一對夫妻只花十分鐘向我描述他們的性生活，我大概可以精確掌握他們婚姻中的其他面貌。因此，儘管我想幫你改善性愛技巧，但也要提醒你，性愛只是兩人關係中的一部分。

## 男人重視感官享受，女人要的是情境鋪陳

每個人都可以運用「生物學的方式」表現性行為，就像五歲大的孩子都懂得如何製作花生醬三明治。不過假使你要的是美食，就必須找一位大廚。

舉例來說，任何人都會煮魚。你可以從水中抓出滑不溜丟的魚，懶得去除內臟和魚鱗，不調味也不事先準備，就直接丟入平底鍋，魚還是會熟。你可以連魚鱗一起咬下，從嘴裡挑出內臟，還是可以吃到有益健康的魚肉。

不過，如果你這樣煮，吃起來會像魚，但好吃的魚吃起來並不像魚。我瑞典挪威籍的舅舅們都是漁夫。他們真的知道如何準備一條魚！

我記得孩提時代，有一次舅舅問我：「小子，你喜歡吃魚嗎？」

「不喜歡。」

「你會喜歡這條魚的。」

「不，謝了，」我以童音回應：「我不吃魚，我不喜歡魚。」

他會意地一笑，拿出一枚兩角五分硬幣，「如果我給你這個，你要不要試著嘗一口？」

當時，兩角五分錢可以買到許多口香糖，所以我接受了這項提議。不過我並不是只吃一口；我吃了十三條那種小魚，我這一生從來沒嘗過這麼好吃的東西！

不同的是，我舅舅知道他在做什麼。他仔細地將魚切片，很專業地去除所有的魚骨，接著把魚放入鹽水中，取出魚血和其他你不想要的東西，然後裹上麵糊，把魚炸得恰到好處。

廚師並不是「天生」就會做菜。他上課，研究廚藝，精通天然花草和香料的使用與特性，實驗出最好的配方。

好的「性愛主廚」做的是同樣的事情。

深情的男人很快就會意識到，對女人來說，表現代表一切。

要確實吸引女人的感官，男人要知道如何在性愛方面表現自己。因為男人一觸即發，往往會忽略了表現，求愛的方式也顯得笨拙、不靈活甚至唐突冒犯。

相信我，男人們！如何表現「熱情如火的愛」真的很重要，而且這需要情境輔助。你的老婆想知道你是好父親，是親切又大方的人，她想知道的點點滴滴，你都可以做得恰到好處。

太多的已婚夫妻勉強接受退而求其次。丈夫願意利用妻子解放生理需求，而妻子可能願意「遷就」丈夫，避免他不斷地糾纏（而且有時候是需索無度）。可是這並不是他們真心渴望的。如果性愛是拚命要求來的，只是不情不願的給予，那麼誰都不會感到滿足。

因此一定要冒險嘗試！要喜悅地從「花生醬和果醬性愛」提升到美食家性愛。上帝要給你的是很美好的事物，不要勉強接受次級品。

性愛是上帝構思過最美好的事情之一，但卻不會理所當然地憑空降臨在每個人身上。

我們必須練習如何成為更好的情人，並且花時間思考如何保持性趣和新鮮感；我們甚至需要研究另一半，找出如何帶給對方性愛的滿足感。

有些人可能會問：「博士，花這樣的心思值得嗎？」

如果你能看見未來，可以體驗到滿足的性生活會對婚姻產生什麼效果，我想，你願意投資的時間會比現在多上許多。你會求我告訴你更多資訊。

## 男人滿腦子都是性愛嗎？

「男人無時無刻都在想性嗎？」我談完了男人與女人之間的差異，一名女士怒氣沖沖地問我這個問題。

「嗯，並不是『無時無刻』。」我說話時注意到，直到我補充了下面這段話，她的臉部表情才放鬆起來：「有時候，我們會想到食物和性。偶爾我們想到獵鹿和高爾夫球破九十桿，但是我們的心思幾乎都會回到『性』上面。」

「難道沒有男人是聖潔又心靈純真嗎？」她繼續追問。

問題就出在：她以為，當我說大部分的男人絕大多數時間都想到「性」，是指我們在想下流的事。有些有信仰的人認為，上帝與性愛的共通之處跟足球與花式溜冰一樣少。

一個男人常想性事不代表他正在想不純潔的事情。如果他在想另一個女人（老婆除外）裸體的模樣，或者她的床笫功夫有多好，那麼他正在玷汙自己的心靈。

如果他是在想，哪天深夜，要在老婆身上塗滿按摩油，然後幫老婆來個馬殺雞，那感覺有多棒！那麼他還是很聖潔，就像貧民窟的社工人員為遊民盛湯一樣聖潔。

性愛是上帝的禮物，也是上帝的戒律。當上帝告訴我們要「多產與繁殖」，祂並不是在講蘋果和複製人。祂是在說要有性行為，還要生小寶寶。

作家史蒂芬．史旺巴赫（Stephen Schwambach）寫道：

只要體驗過美妙的性愛，都會本能地知道這個事實：性愛實在是太好了，好到不可能就這樣發生。它並沒有逐步演化成某件宇宙事故的結果。這樣精美的東西必定設計得深情、燦爛、富創造力。

如果有個無神論者找上你，要求你證明的確有上帝，你只需要回答一個字：「性」。給他一天時間好好想想這個答案。如果那天結束了，他還是不信，那麼他雖然無意，但卻透露了他諸多的性生活實況（或者透露出他缺乏性生活）！

上帝創造「性」。這個事實難道沒有好好說明上帝到底是誰？此外，它還告訴你，上帝機靈手巧。

「設計者性愛」是把性愛當作造物主期望的那樣；是將上帝的使用手冊當作指南。嚴守教規的猶太人與基督徒都相信，性愛就如上帝設計的那樣，僅限於婚姻內的性愛。

上帝為什麼把性愛保留給婚姻？我相信其中一個理由是：好的性愛並不容易，而且非常個人。仔細想想：男人被賦予如此艱鉅的任務，要試著在新娘百變的風向中理解如何立好風帆。有時候，她想要自由奔放、放蕩不羈；有時候，她想要御風而行，掌控每一件事物。

男人想成為女人心目中的船長，必須學會理解風向，得跟同一個女人花許多時間和經驗。與其他女人的性經驗會令他迷失，毫無幫助，因為每個女人的渴望和快感都是獨一無二的。

這樣想好了：如果你跟九個女人發生性關係，請將九只手錶戴在手臂上，一隻手臂戴五只，另一隻手臂戴四只。來，我問你，現在幾點？想辦法平均九只手錶的時間實在很複雜，還不如只有一只手錶，即使那只手錶還誤差幾分鐘。

同樣地，人妻們也要好好了解自己的老公，知道什麼時候需要主動調情，什麼時候需要聖潔而深刻地允許老公征服。她應該確實研究丈夫說出口和未說出口的性需求與渴望，用功程度就像高中或大學時代的大考前複習一樣。畢竟，這不只是一項學科練習，而是她的婚姻啊！

性愛不只是親暱，也跟尊重有關。

我聽過許多女人說話非常傷人而且不尊重男人，尤其是對自己的另一半。「不管對方是誰或是什麼東西，他隨時準備好要跟她做愛。」「他都用下半身思考。」當一個女人說她的男人只關心性愛，是在貶低她的男人；她無意中暴露了自己的無知，也不了解男人靈魂的複雜性和靈性與肉體之間的關聯。

她不了解的是，對男人來說，「性」代表許多事物。不少男人感情豐富，崇高純潔，但這跟肉體無關。我們都是普通人，大多數的女人有八個好友可以談論人生；而男人只擁有老婆，如果她太忙著照顧小孩，男人等於一再被留置在選手休息區，於是告訴自己：「她不在乎我，她根本不知道我遇到什麼問題。」

有時候，男人的表現就像小男生。我不是說這一定好或值得讚揚，但男人就是這樣。

請記住！妳是嫁給一個真正的男人，而不是不切實際的禁欲主義者，如果他在性事上得不到滿足，就會影響生活的各個層面，影響之深是妳無法理解的。

在婚姻中，你所能做最深情、最聖潔的其中一件事情是：讓你的另一半能追求性滿足。因此，毋需辯解，這會是我寫過最詳盡的一本書。我想教你如何成爲放肆的情人。我希望你的伴侶帶著微笑入睡，**心中想著：我一定是世界上最快樂的男人或女人！**

不過在讀者繼續閱讀下去之前，我要先提出幾則警告。

## 給未婚男女的性愛教育

每次有人問我：「李曼博士，性愛的最佳姿勢是什麼呢？」我總是回答：「只要能做完愛，任何姿勢都很好。」

請注意！我並沒有說任何性經驗都很好，因為我相信任何婚外性經驗最終都具破壞性。

如果你曾經有過婚前性行為，最終會威脅到自身的快樂與對婚姻的滿足感。這樣的研究再清楚不過：

1. 一份針對一千八百多對夫妻所做的國家級研究指出，婚前同居夫妻的離婚機率是無同居夫妻的兩倍之多。此外，婚前同居與婚後互動低、夫妻意見不合且婚姻不穩定度高有關。

2. 一份針對三千八百八十四名加拿大女性所做的研究指出，婚前曾經同居的女性與婚前並未同居的女性相較，前者的離婚率比後者高出五〇％。婚前曾經同居的女性中，在結婚十五年內，可預期其中三五％會離婚，相較之下，婚前並未同居的女性，可預期的離婚率只有十九％。

3. 一份針對四千三百位年齡介於二十至四十四歲的瑞典女性所做的研究指出，婚前曾經同居的女性，離婚率比婚前並未同居的女性高出八〇％。

4. 一份採用全美一千兩百三十五位年齡介於二十至三十七歲的女性代表樣本所做的研究指出，婚前曾經同居的已婚女性與丈夫以外的男人發生性行爲的機率，是婚前未同居女性的三．三倍。同居的單身女性有第二位性伴侶的機率，與沒有和伴侶同居的單身女性相較，前者是後者的一．七倍。

如果你在未婚的情況下與某人同居，我建議你搬出來，重新開始，你們還是可以成就美滿的關係。可是如果你們沒有結婚、性生活又不活躍，原本就無法成就美滿的關係，一旦走入婚姻，很快破碎的機率實在非常高。

現在，你們有些人心想：李曼博士這傢伙是個瘋子——從維多利亞時代來的老古董！其實並不是這樣。在你闔上本書、繼續過生活之前，讓我先提醒你，現今的婚姻平均只維持七年。這是一個可悲的陰影，以前的婚姻並非如此。顯然，現今社會上的所作所為——第一次或第二次約會就發生性行為——對我們並沒有幫助。這在短期內也許可以幫助單身者處理性挫折，但是長期而言，它毀滅了有意義的婚姻。

也許我們應該用新方法嘗試這件事。

## 談「性」說愛，讓你不自在嗎？

繼未婚男女之後，我想要警告遠離本書的第二個族群是，一談到「性」就立即反胃的人。我曾在某些成人面前談論性愛，我要參與者列舉男性生殖器的俗稱。當時，他們幾乎想找個地洞鑽進去（你不會相信，當我繼續講到「那麼現在，請舉出女性的生殖器？」現場有多安靜啊！）

有些人聽到「性」這個字會認為：「是時候了！李曼，就直接跟我說吧！別隱瞞任何細節！」就像我的好友慕黑德，他喜歡提醒我：「李曼，如果你不需要事後沖澡，就不是成功的性愛。」只有在我說些陳腔濫調、避免聽起來具挑釁意味的時候，才會惹毛他們。

其他人幾乎無法若無其事的說出「性」這個字。這種狀況我了解。生活中的事很少像伴侶間的性愛那麼隱私、那麼涉及個人。這些人認為，提到性解剖學和性愛活動的基本原理，卻不染上惡習並陷入不道德，是根本不可能的。

## 來一場性愛冒險，探索彼此

我要事先警告讀者：本書的陳述非常詳盡和坦白。如果特定的性行為描述冒犯了你，或者你發現伴侶間性愛創意的討論不合口味，請明白我並非有意冒犯。

無論如何，我想鼓勵你，若珍愛你的伴侶就要冒險開門，探索增進性愛親密的新方法。雖然本書中的某些陳述可能令你不舒服，不過務必以開放的心態繼續讀下去——接受這項挑戰，以創意來思考婚姻中這個重要的面向。

最後，請容我以心理學家的身分，給即將使用本書的準夫妻們一則警語。我建議你們將下半身保留到度蜜月才用。你們會發現，研讀談初夜的那幾個章節很有幫助，因為你在度蜜月時會派上用場。此外，「男人專屬」和「女人專屬」的章節也讓讀者獲益匪淺。不過請先讀到這裡就好，其餘的留待婚後再看吧！

一起閱讀性愛的詳盡敘述，道德上卻無法從事這些活動，在這個時間點上，是一種引誘，不需要把它帶入生活中。就這一點而言，請相信我：少有伴侶飽受資訊不足之苦，倒有不少伴侶飽受新婚之夜前失去童貞之苦。

請給予彼此最好的結婚禮物，並安排最好的蜜月旅行：純潔的身體、純潔的愛和意念。一旦你了解其中的基本原理，會有充分的理由支持你到婚禮結束後。等到這個時間點，你可以帶著上帝的祝福和喜樂，盡情享受內心的歡愉。

帶著這本書去度蜜月吧！不過要願意等到那個時候。

如果你還在讀這本書，歡迎同行，我已經等不及繼續談下去了！

# 2 一張擁擠的床

為什麼燈一亮，我就性冷感？為什麼我需要由另一半主導性行為？因為家庭教育與成長過程中的包袱會影響你的性愛觀。

你結婚時的新床是地球表面最擁擠的地方之一。新床上都是人，有些人你從來沒見過，但是他們都在影響你的性行為，全在觀看著你如何塑造出你性快感的品質。

別看枕頭下，不過要知道你爸媽偷偷躲在正下方。如果你認為這樣真糟糕，那麼你最好習慣在你另一半的枕頭下方還藏著岳父岳母或公公婆婆。

床腳呢？喔，你和伴侶的兄弟姊妹就在那裡。床底下呢？

我到底在說什麼？

你帶著比自己所知還多的包袱走入婚姻。

這個包袱已經成形，我稱之為你的「地雷區」，那是無意識但非常有影響力的信念，有關你怎樣處理事情的信念（尤其在床笫之間）。在我的諮商實務中，有一大部分是專注在幫助人們了解自己的地雷區，因為這支配著個人的生活，尤其是性愛。

你可能會說：「李曼博士，我不知道我有地雷區啊！」

知道自己有地雷區的人少之又少，可是一旦對方違反了某項規定，我們會暴跳如雷。男人會為他岳父的錯誤付出代價，好比女人會為她婆婆的錯誤付出巨大的代價。你不會跟一個沒有過去的人結婚。你會跟一個烙印無法抹滅的人同床，包括他在家中的排行、雙親的教養方式以及童年早期的經驗。她可能會裸體上床，但不可能只呈現出單一面向。

## 別誤觸性愛地雷！

綺麗兒要的是性愛帶來的驚喜；她要的是自發、創意和多變。她最氣無聊，她要老公總是讓她猜不到下一步。綺麗兒最喜愛的其中一段性愛記憶是：有一次，老公帶了一瓶嬰兒油回家，再將防水布蓋在床單上。兩人滑過對方的身體，搞得一團亂，不過那是自發性的，製造了許多歡笑，綺麗兒覺得這一生沒有白活。

梅莉莎討厭震撼，她希望知道至少二十四小時後會發生什麼事。如果她和老公準備裸裎相對，兩人下方一定要先墊毛巾才能交換體液，免得沾到床單。做愛前三十分鐘，兩人必須把身體沖乾淨，牙齒刷乾淨。一想到會搞得一團亂或噪音超大，她就倒盡胃口，而不是性趣大增。如果梅莉莎的老公帶一瓶嬰兒油回家，她會說：「你該不會真要拿那東西來玩吧？那得花上我半天時間清理殘局呢！你有沒有試過清理那東西啊？」

為何有這樣的差異？

泰德希望妻子在性愛方面極盡挑逗，他喜歡妻子將他推倒並跨在他身上的那種調調；看著老婆積極投入性愛，努力找出她最敏感的體位，是泰德所知最挑逗人心的事。而且，每當老婆表達感覺有多美好，泰德幾乎難掩興奮。

安迪總是要掌控全局；他從妻子那裡拿走每一次的主控權，挑戰自己的男子氣概。他決定兩人做什麼、什麼時間做以及如何做，不容許爭執。

為何這兩個男人有那麼大的差異呢？

寫一本這樣的書，最大的陷阱之一是：沒有兩個男人和兩個女人是相同的。男人之間的差異可能很大，大到兩人的性別不一樣似的。雖然我們可以加以歸納，不過每一種典型都會被某人證明有誤，這就是為什麼婚姻中的溝通顯得那麼重要。我可以提供建議，告訴讀者大部分男人是什麼模樣，不過那可能會讓你的另一半倒足胃口。最好的方法莫過於兩人一起閱讀本書，邊讀邊討論。

有什麼可以解釋做愛風格的差異何以如此之大？十有九次，這與個人的性愛地雷區有關。

綺麗兒的性愛地雷是：「當性愛好玩且具自發性，會讓人更愉悅；生命苦短，做任何事不值得用同樣的方式做兩次。」

梅莉莎則是：「性愛需要嚴格的標準來管理，以免失控。」

泰德的性愛地雷：「我老婆向我示愛，並表示想跟我做愛時，性愛最有意義。」

然而安迪的性愛地雷卻是：「性愛只有在我主導的情況下，才可以順利進行。」

性愛地雷區導源於我們的童年經驗、教養及出生排行。家人間的地雷區通常有某些相似點，不過也可以找到顯著差異。你的地雷區是非常個人化的，並且支配著你所做的每一件事。

關於這些地雷，重點在於它們往往是無意識的。梅莉莎可能無法解釋為什麼要在身體下方墊毛巾，安迪恐怕也說不出來，為什麼妻子試圖掌控，他會抓狂。但是這些無意識的規則支配著他們的每一次性行為。

## 為什麼我無法享受性愛？

想要覺察這些不成文且無意識的規則，請捫心自問：

床笫之間，什麼事最令我心煩？

一般而言，在性愛上，什麼最能滿足我？

什麼因素會令我性趣全失？

什麼會讓我性欲高漲？

什麼樣的性愛要求或行爲會讓我產生最大的恐懼？

現在退一步思考，捫心自問，為什麼會這樣？為什麼口愛的念頭令我覺得噁心？而許多人卻覺得興奮刺激？為什麼燈一亮，我就覺得性冷感？別人卻會性趣盎然？為什麼我需要永遠由另一半主導性行為？

部分答案可能跟你成長過程中看待性愛的方式有關。有些人，尤其是信仰虔誠的家庭，最好永遠閉口不談「性」。「是的，必須有性，世界上才有人，不過我們要假裝『性』在其他時間根本不存在！」如果一個人在這樣的環境下成長，可能永遠放不開，無法享受性愛。

為什麼要捫心自問這些問題，並揭開「潛藏的影響力」？一旦你了解其中的影響力，就可以決定這樣的影響是否健康。如果因此阻礙了你的婚姻，你可以選擇保留，也可以選擇擺脫。

## 父母親的影響

因此，務必問自己這些問題。你父母親的感情好嗎？每當丈夫想跟她調情，你母親總是讓他吃閉門羹嗎？你爸對你和你媽極端冷淡嗎？他的手只用來傷害，永遠不愛撫的嗎？最重要的是，這樣的教養方式扭曲了你表達性愛的觀點嗎？

也許你的問題剛好相反，父母的放蕩令你燃不起性欲。也許當年還是小女孩的妳，在爸爸臥房內發現色情影片，那些圖片令妳覺得噁心，因此妳說：「我永遠不會做出那樣的事。」甚至更糟的是，妳可能遭受過性虐待，使妳無法信任其他男人。每一次觸摸都感覺像被侵犯，即使妳明知妳的另一半愛妳。

不幸的是，許多丈夫甚至不知道妻子遭受過性虐待。數不清有多少次，在我的私人診所中，我成了第一個發現祕密的人。令我驚訝的是，一個男人已經結婚十年，甚至十五年，卻不知道自己的妻子過去傷得有多深；他認為妻子性冷感，不了解妻子是因為傷害和羞愧而對性愛麻木——這樣的男人最後會為此付出代價。

諷刺的是，遭受過性虐待的女人往往特意走入婚姻，以此做為拒絕性愛的藉口。她知道丈夫不會利用她、虐待她，因此欣然接受結婚的提議，以為一旦置身安全的婚姻生活中，就可以避談性愛。在這類案例中，可悲的事實是：真正愛這樣一個女人的男人，終究會放棄這種被要的情結。待會兒我們會更深入談論這點，不過假使妳過去曾經遭受性虐待，我建議妳閱讀丹．艾蘭德（Dan Allender）醫師的《受傷的心》（*The Wounded Heart*），我認為，這是針對該主題寫得最好的一本書。另一本女人必讀的是琳達．狄洛（Linda Dillow）的著作《親密事件》（*Intimate Issues*）。

不管是什麼案例，都要了解：你已經深深地被塑型，尤其是受到父親或母親影響。如果一個女人的父親以性或其他方面羞辱過她，就算這女人曾經跟許多男友濫交，在性愛方面還是要經過一段非常艱困的時期，才能夠坦然面對伴侶。另一方面，如果一個女人和父親的關係非常健康，在達到性高潮這件事情上，她所遭遇的麻煩可能會比較少，而且她在床笫間的禁忌也會少許多，她會覺得將自己完全獻給另一半既自然又安全。

男人若跟跋扈且控制欲強的母親同住，可能會不喜歡對性事積極主動的伴侶。男人若從媽媽身上找到溫柔的愛，懂得尊敬媽媽，通常不太難與另一半在性行為上產生親密互動。

## 出生排行也會左右性愛觀

你的出生排行也會影響性愛觀。如果你在我的辦公室，我會開始詢問跟你兄弟姊妹有關的問題。如果你跟安迪一樣，是需要掌控一切的男人，我打賭你是家中第一個孩子或獨生子女。如果你認為大部分的時間，性愛與樂趣必須相互搭配，我猜你是家中的么子（女）。如果你經常遷就另一半，很少主動要求性愛，而你說你排行中間，我一點也不詫異。

**老么愛驚喜、需要呵護：**老么的成長伴隨著一股極其蓬勃的特權感。他們往往有人悉心照料，百般呵護，不僅爸媽寵愛，還有年長兄姊的嬌縱，因此通常長大後「人緣頗佳」。他們迷人，非常有趣，常愛公然賣弄，喜歡成為群體中的核心人物。不過，也可以巧妙地操縱他們。老么往往愛驚喜，而且比起年長的兄姊，他們更勇於冒險。

在床第間，這樣的特質往往造就出對驚喜、自發與樂趣的渴望。老么通常相當深情款款，不過卻喜歡被呵護、照顧。你最好多關注你的老么伴侶！

**排行中間的孩子比較難理解、最難定義：**因為他們可以有多種傾向（最常見的是，他們的傾向跟排行其上的那個孩子剛好相反）。不過一般而言，排行中間的孩子不計代價的喜歡和平。他們是談判家、調停者、妥協者。他們通常不像第一個孩子那麼武斷，也不像老么需要「關心和照顧」。他們習慣掩藏自己，往往過度慷慨。你也許要磨蹭好一段時間，他們才會明確告訴你，他或她在床第間的喜好。

**老大和獨生子女喜歡掌控：**排行老大（以及獨生子女）是班長，是高成就的人，他們喜歡掌控一切，堅信自己知道每一件事該怎麼做。他們以能幹、可靠聞名，也是完美主義者，嚴格且非常講究邏輯。他們對掌控的渴望可以讓其中有些人成為風雲霸主，或者成為取悅觀眾的明星。如果你與前者做愛，會覺得必須跳過馬戲團的獸圈，才能做對每一件他或她所規定的事。如果你與後者結婚，他會使出渾身解數，目的在確保你覺得很不錯，不過這個方式很快就會讓你覺得機械化、帶強迫性。

還有各種例外，但是一般來說，仔細考慮你們的出生排行，以及出生排行如何塑造你的期望和你的性愛地雷區，就可以好好認識自己和另一半。

## 童年的記憶

在你的性愛地雷中，最後的決定因素是由你童年早期的記憶所構成。那些早期事件（當你三年級或更年幼時）有助於塑造你對生活的期望，以及事情應該完成的方式。你學到，這世界不是個安全的地方……就是個危險的地方。你發展出這樣的假設，人們對你不是友好……就是出賣你和恫嚇你。因為別人對待你的方式，你學會了做出一些如今看來理所當然的假設，而且你透過這些記憶的透鏡觀察你的另一半。

有個案例：一位父親答應他的小女兒，等他從五金行回來，會帶她出去吃冰淇淋。女兒在門邊等了兩小時，爸爸終於回家，但是滿身酒味，講起話來顛三倒四。當然，他完全忘了他答應帶小女兒出去吃冰淇淋。

二十年後，小女兒的丈夫答應帶她出外吃晚餐。丈夫在回家的路上，車子爆胎了，當然也延誤了時間。遲到四十五分鐘後，丈夫終於出現了，妻子狠狠痛罵他一頓。他無法理解妻子為何如此難過，因為他不了解妻子不只是對他怒吼，同時也在對當年那喝醉的父親怒吼。

關鍵在於：根據過去的經歷認清自己的傾向，更進一步理解這些未說出口的假設。了解自己的傾向，才能適時調整。

## 拆除你的性愛地雷

我是個演說家，好多個週末都到處奔走，我曾經仔細檢查自己的行李，然後只檢查一部分。我以前有一只手提箱綁著許多行李標籤，但問題是：標籤太薄，易毀損，通常只持續飛個二到三班次就扯破了。我從不移除破損的標籤，反而直接把新標籤繫上。幾年以後，我的把手上一定綁著五十幾張小紙片，這使得那件行李箱看起來真的破破舊舊。

當你跟我一樣看著別人的生命，就會發現他們走過的人生「旅程」都留下了記號，然而並非總是正面的。他們曾經因為過去的經歷而頹喪，日積月累之下，他們開始顯得狼狽。

如果你只有片斷的資訊，那麼在追溯過往經歷的過程中，就會出現問題。我一直頗為讚嘆電工，他們能夠打開一件電子裝置，將大約五十種不同顏色的電線分類、整理。而我呢？只能分出紅色和黑色。紅色是正電，黑色代表負電，至於其他的，就超出我的能力範圍。

然而，如涉水般穿過一個人的過去，有點像試圖在數百條電線中找出短路的那一條：那份恐懼從哪裡來的？什麼事導致留下那道傷痕？什麼原因創造出那樣的期望？

因此，許多人的人生有著許多破碎的人際關係，留下了心理上的疤痕。有時候，外科醫師必須深入並切除疤痕，因為疤痕組織太多了；而在某種程度上，心理學家需要做同樣的事。如果疤痕組織的儲藏處特別深，就需要找位專家談談，不過即使如此，我認為這節會幫助讀者指出正確方向，並且開始提出正確的問題。

好消息是：你可以卸下你的性愛地雷。壞消息是：這麼做既困難又費時。就像我剛才說過，如果你經歷了嚴重的外傷，例如，性虐待，你會需要專業治療師幫助你克服這些早年的記憶和不幸由父母造成的負面影響。不過許多人可以因為做些不算重大的選擇，便能加以改善。

首先，一旦了解了你的地雷區，就要提醒自己，不要只因為對某事的感覺好，就以為那是標準。一個容易衝動的男人需要知道，他的另一半可能因為他的一時衝動而感到威脅。相反地，一個掌控一切的女人需要了解，她的不夠積極、主動可能會令伴侶覺得無趣，因而投入另一個女人的懷抱。你愛怎麼看待性愛就怎麼看待，不過那並非正確或唯一看待性愛的方式。我並不是說沒有任何道德上的絕對；我確信有絕對的道德。

我要說的是，在婚姻的情境範圍內，我們對性愛的感受可能是件非常個人的事。

> 好情人懂得，了解情人更甚於了解自己。你不應該只透過自己的感知來看待性愛，應該透過伴侶的眼睛來看待性愛。

如果你做得到，在這過程中了解伴侶的性愛地雷，就會逐漸理解本書所討論的每件事。

偉大的婚姻性愛是學習以對方希望的方式去愛他。

## 忘掉原本的習慣，瘋狂一次就好！

第二，下定決心，不要再讓父親或母親的缺點影響你的性生活。

想想自己的傾向，以及在房事上有哪些不足的地方，然後問自己：這是我眞心想帶給另一半的嗎？或者他（她）應該得到更多？然後你自覺地開始練習你所希望學到的特質。

需要把毛巾墊在身體下方的女人，應該嘗試體驗在廚房裡來次匆忙的性愛快餐，只要一次就好。認為自己必須掌控一切的男人，應該讓另一半控管一次。

當你這麼做時，一定會發現這個世界並不會因為你的「破戒」而停止轉動。

妳媽不會從墳墓中打電話來教訓妳：「為什麼不去拿條毛巾來墊？」孩提時代的牧師也不會突然出現在你家廚房，想知道你們為什麼嘗試那種性愛姿勢。事實上，你甚至會發現，打破規則或許會造就長久以來最有樂趣的性愛接觸。

這是你必須開始嘗試的事情。你的另一半無法重寫你的人生，你必須自己來。

你必須是發覺、評估、然後做計畫改變規則的人，要誠實但堅定地面對自己：我知道這麼做會讓自己感到不舒服，不過我不只重視自己是否舒服，更重視菲爾快不快樂，所以就這一次，我要看看是否能讓自己變得更大膽。

最後，你一定要拋開過去。

我知道幫助別人做到這點的方法唯有：讓他們的生命重新與上帝的力量連結。如果我們請求寬恕，上帝就會移除我們罪惡的汙點並寬恕我們，在心理上留給我們一片清新。

這是靈性的實相，我已經見過它一次又一次發生。

儘管我有些同事通常喜歡貶低基督教和宗教信仰，我卻發現宗教是處理過去傷痛、罪惡和心理疤痕最有力量的方法。請別誤解我：我並不是因為基督教有效才成為基督徒，而是相信基督教是真理才成為基督徒，然而事實證明祂也非常有效，幫了我的客戶和我很大的忙。

首先，如果你們同居卻沒有結婚，有必要分開居住。重新開始約會，但要在你們的關係中避免性愛。

這其實是道德上該做的事，就心理層面而言，也是正確的事。幾乎每個人都聽過「再造處女」這個詞——指曾經性生活淫亂（對他人言行沒有歧視眼光的朋友們來說，是性行為活躍）的人，但是他們現在選擇婚前不再發生性行為。這是一個非常健康的典範，讓那些失去童貞的人得以遵循。為自己著想，這些夫妻需要為他們的婚姻建立更強健的基礎。他們需要體驗的是拒絕誘惑的那股力量。

為什麼這點如此重要呢？

姑且容我這樣說：婚姻的倖存機會是基於你和配偶自我控制的程度。

我曾經建議一對年輕男女停止性愛，婚後再重新開始，而那名年輕男子若無其事地答道：「我不知道我能否三到四個月不做愛。如果席拉和我不再做愛，我可能會很想往其他地方尋求做愛的機會。」

我眼睛眨都不眨地轉向那名年輕女子，說道：「如果他沒辦法在三個月內不碰妳或其他女人，那是因為他缺乏紀律。那麼等你們結婚後，他一星期五天在外忙事業，而妳在家帶小孩，請問你們之間還有什麼希望？」

## 別讓前男（女）友影響你的性生活！

身為單身男女，上帝要求我們做的事情是：為自己內建為人丈夫和妻子所需要的性格品質。如果我們在這個過程中走捷徑，那是自我欺騙，於是踏入婚姻並沒有充分準備好維持快樂、持久的關係。我跟愈多夫妻談過話，就愈堅信上帝在規定婚前不得有性行為、婚後縱情美好性愛的那一刻，祂很清楚自己在講些什麼。

除此之外，知道上帝寬恕了你過去所做的一切，會產生一股巨大的淨化力量。

話雖如此，我還是要小心提醒你，對許多人來說，事實是：即使已獲得寬恕，還是必須像酗酒者戒酒一樣「一步一步慢慢來」，你需要接受某些情緒、心靈和關係療法。

就像生命中的一切，你需要在一些小成功上建立基礎。如果你腦中閃現前任性伴侶的影子，就有必要視個案的情況而定，學習如何將注意力轉回配偶身上（參見第61頁）。

記得，在你想說「是」的時候，學著說「不」，你就得到了力量。你愈常這麼做，就會變得愈堅強，更懂得自我控制。

守紀律的生活是喜悅的生活，因為當你內化了各種分際，就等於保護自己，不至於把會招致痛苦的事，帶入你的生活、婚姻和床笫性事。想像一下：你的配偶熱情地關注你，忽然間，別人的影子浮現腦海，玷汙了本該是一場非常特別的性愛時段。

那根本是遺憾。

## 新舊愛人——男人會比較肉體反應，女人會浮現性愛回憶

性愛的軌跡記錄往往會跟隨著我們。有些人背負的行李太多，這些包袱牽扯著心理和性愛自我，那麼多的小名牌從來不曾完全撕掉，因此很難不將你所深愛和尊重的這個男人（女人），與多年前纏綿無數夜晚的某熱情男伴或女伴做比較。

很不幸地，在我們的社會裡這種現象相當普遍，我們只得好好談談如何處理過去的性愛。

但願我能說，如果你曾經性行為活躍，別擔心，你可以再度宛如處子（或處女）。但是如果我這樣說，我等於在撒謊，實事求是會健康許多。比起真正的處子或處女，再造處子或處女還是會帶著更多包袱踏入婚姻中的床笫之事。

剛開始，可能會出現閃現的情境。如果生命中曾經有過其他愛人，性愛記憶是一種自然現象。不幸的是，這些閃現的情境可能會干擾健康的婚姻性生活。

我有幾個病人透露，閃現的情境是一個值得注意的問題，尤其對受過嚴格教養卻無法實踐的人更是如此。

對女人來說，有時候可能會覺得罪惡感如排山倒海而來。她們正在與丈夫做愛，忽然間，腦海浮現前男友的影像。因為對女人來說，性愛是如此的情感體驗，閃現的情境會剝奪那次性愛的意義和那一瞬間。

另一方面，男人往往會比較肉體的反應，而且他們閃現的情境更可能是基於比較。

假使前女友知道如何以特別令你滿足的方式觸摸你，怎麼辦？假使你的伴侶擔心她永遠無法媲美前女友，怎麼辦？還有，當另一半問你這件事，她其實分辨得出，截至目前為止，她還無法像從前那個女人一樣取悅你？如此現實的痛苦傷人至深。

此外，婚前有過性經驗的男人可能有一段時期很難評估已婚性愛與情感有何關聯，因為他們更明確地將重點擺在肉體的歡愉上。

這並不容易，不過你一定要重新開始，這也表示讓你的伴侶重新開始。我們想要壓抑、不去想的事情，通常會在最不當的時機出現在腦海裡。

這裡教你一個小技巧：一旦你回想到這樣的記憶，便開始跟你的另一半說話，訴說著你多愛他、多想取悅他，他對你的意義，或者你被他激起什麼樣的情欲。如果後面這句話並不真實，那麼執起他的手，幫他取悅你自己。

這麼一來，你意識到的所有想法和話語都會專注在伴侶身上，不會去想另一個人。

換句話說，你的功課是再學習如何與另一半盡可能擁有最好的性愛。只要有舊記憶侵入，不論何時，都要試著讓目前的性生活更加滿意。你可以擺脫舊記憶，把焦點放在創造新記憶上。這是一種有意識的選擇：我不要老是停留在那段回憶中，我要想著如何讓我的伴侶欣喜欲狂。

某種程度上，這份工作的成效要看過去的損傷程度而定。偶爾不刷牙沒事，但是如果經年累月忽略牙齒保健，最後會得牙周病。如果牙病第一次發作後，你突然決心成為街坊鄰居間最佳的潔牙寶寶，開始每餐飯後刷牙，這樣雖然可以防止進一步感染，不過還是得等待從前的傷害復原。

這就像戒菸的癮君子。

從前也是癮君子的我，已經超過三十五年不曾點菸，我知道我現在健康多了。儘管戒菸讓我變得更健康，但是如果我一開始就不曾碰過菸，情況應該會更好。

## 坦白所有性愛史？不！說得愈少愈好

處理昔日性愛的諮詢時，第一個問題通常是：「應該告訴對方多少過去的性愛經歷？」

我的回答是：「愈少愈好。」

你的配偶應該要知道他或她結婚的對象是否是處女或處子；他或她也有權知道你是否只跟一個男友或女友睡過覺，或者你是否濫交，曾與多位性伴侶上過床。你的配偶有權知道這些，因為這可能會影響他或她是否決定跟你結婚。

深入細節不會解決問題，反倒會衍生出更多問題。

一般而言，不要告訴對方你過去的性愛祕密。這麼做只會提升對方的不安全感；兩人的對話會突然從「我想要知道你的一切」變成相當相當醜陋的：「你說你一個晚上做三次，是什麼意思？」「我以為熱水澡那一招是我們發明的！」

注意！讓某些與你伴侶不相關的記憶死去，只留下他跟你在一起的記憶，其實是你們送給彼此的禮物。

有個方法健康許多，只要坦承：「聽我說，親愛的，過去有些事，但我情願沒有發生過。」然後就此打住。告訴對方任何細節（我們沒有發生關係，不過有一夜，我們真的有點神魂顛倒，然後……）等於是竭盡全力自找麻煩。只要坦承：「你雖然不是跟一個處子（或處女）結婚。我真心希望當時你就出現，可是你沒有。」

如果伴侶施壓，就拿我當藉口：「有位心理諮商師建議，最健康的做法是要我們兩人了解：我們是跟有段不完美過去的不完美的人結婚。我們就從頭開始，盡力建立最好的婚姻！從這一刻起，性愛將是我們彼此共同分享的事情，我想要盡力讓我們擁有最美好的性生活。」

我建議你花大量時間談論等你們結婚了，往後有多美好。

下頁是一名年輕女子在婚前六週，寫給未婚夫的一封信。未婚夫有過性經驗，但是她沒有。她感覺到未婚夫相當緊張，不知道她婚後對性愛是否會熱烈回應，尤其是以前通常是她堅決反對玩得過火。

這封信精采的地方在於，這名年輕女子如何協助未婚夫等待兩人的性行為，同時為兩人的婚姻床事建立期待。這封信也是最佳範例，娓娓道來一個女人如何告訴已經有點失去耐心的未來老公，她是多麼渴望探索性行為的樂趣，同時強化等待是多麼重要。

有些已婚的讀者可能了解到，你的性愛地雷或過去的性愛，讓你對配偶隱瞞了一部分的自己。你把身體給予配偶的方式，跟這個女人承諾將自己獻給她未來丈夫的方式是不一樣的。也許你一直在適應未來，但不是渴望。你知道你沒有投入另一半所應得的時間和精力，而使得性愛有所缺憾，坦白說，你把配偶的承諾和忠誠視為理所當然。

我可以建議你寫一封類似的信嗎？明白表示你隱瞞了什麼，請求伴侶的寬恕，然後告訴對方你會怎麼做。不要讓過去支配你的未來，造物主希望你擁有扣人心弦且充實滿足的性生活。以祂的寬恕加上你的一點努力，誠實面對過去，你就可以改變你的性愛地雷，變成自己心中期望的那類情人，而且你知道你的配偶應該得到這樣的報償。你還在等什麼呢？

親愛的未婚夫：

週年快樂！你知道嗎？我們剛好在兩年前的今天認識。我必須坦承，我從不相信我可以遇到讓我覺得如此泰然自若的男人。多年來，我掙扎著，心想是否有一天我必須要為了結婚而結婚。我從來不曾對其他人提及此事，然而在我認識你以前，我一直無法真正了解，為什麼有人想跟男人做愛。而現在，我所能做的，是要讓自己不觸碰你的身體！

你已經引出並重新喚起我埋藏在內心深處的每一分女性特質。你使我想要變成我今天這個模樣的女人。當你頑皮地笑看著我，你令我會心微笑，心怦怦地跳個不停。我幾乎因為愛你而溶化，而且非常想要你。

從今天開始，再過六週，我將成為你的妻子。在這每一個人都必須「找到自己」的時代，我等不及成為你的一部分。成為你妻子的想法令我興奮和驕傲。更特別的是：你真的努力保持我們的純潔。我想我不曾真的告訴過你這件事，但是對我來說，不去觸碰你真的很難。我得承認：有時候，我發現自己幻想著全身赤裸，被你的雙臂環抱，我們「毫無保留」地討好對方。

只要想著，我們再等六週，夢想就要成真了！你知道就是這樣，我不打算有所隱瞞，所以我希望你準備好了！

不過，我打從心底感謝你如此守紀律，以你愛我的方式愛我，我們才能盡可能以正面健康的起始點展開婚姻生活。我無法告訴你，你的愛對我有多大的意義，你改變了我對生命的整體看法。我永遠無法想像，滿心企求將自己以我希望的方式獻給一個男人（讀到這點，你應該笑容滿面吧！）。我全心全意愛你。

永遠屬於你的安妮

# 3

# 搖滾起來！美滿性生活值得努力！

如果男人獲得性滿足，他會願意爲女人做任何事；
若男人爲女人做每一件事，她會盡可能讓男人性滿足……

如果電影《大白鯊》（*Jaws*）沒有威脅性十足的音樂——巴登、巴登……會變成什麼樣？想像《星際大戰》（*Star Wars*），天行者路克（Luke Skywalker）打敗死星（Death Star）拯救銀河系時，如果沒有搭配勝利的樂章，也就不會那麼令人激動興奮。

或者試著想像，《火戰車》（*Chariots of Fire*）片中那些為了奪得金牌而跑的人。看著慢動作跑步的運動員，如果沒有搭配背景音樂，我看也得不到奧斯卡獎。

這些風靡一時的鉅片，都有好腳本、好演員、稱職的好導演，但是沒有音樂，一切都會不一樣。當然，只有音樂是不夠的，但是對成功的電影來說，音樂是不可或缺的重要元素。

對婚姻來說，性愛就是音樂。

根本沒有性愛，還是可以結婚。你們還是可以邊吃晚餐邊聊天、慶祝節日，如果你願意領養，也可以養育小孩。你們可以為對方買份週年禮物，分享親密對話，甚至在情況緊急時，共用牙刷或遞一捲迫切需要的衛生紙給對方。

可是，還是會少了些什麼。

美滿的性生活能為婚姻從頭到腳增色不少。

生活中，我們需要做許多單調無聊的事。有時候，我老婆要我去商店買一堆無聊的東西，包括萵苣、芹菜、燈泡、牛奶等有的沒的。不過，有時候我會去女性內衣店買一些絕不無聊的東西。

其他時候，珊蒂要我解決為何煞車吱吱嘎嘎叫，還有各種討厭的噪音。不過更好的是，我要找出什麼會讓我老婆嗯嗯、啊啊！

某些時刻，珊蒂要我拿掉耶誕節裝飾品（然後，信不信由你，才過六週，她就希望我把那些裝飾品放回去！）或把垃圾拿出去。不過在更好的時候，我一有機會就想脫掉她身上穿的衣服。我愛這份工作！

想一想：九〇%的生活填滿了最無聊的事物，例如換髒尿布、清理無數溢出來的東西、付帳單、替汽車加油……

許多男人和女人經常必須做著非常無聊單調的工作，到雜貨店採買食物、釘釘子修屋頂，或加總相同的一組數字。我甚至遇過老練的律師和牙醫，他們覺得自己的專業工作無聊到令人快發瘋，但他們繼續做下去是基於財務責任上的堅持。

在這個義務與責任的世界，一天結束時（有時候是一天開始時），工作做完了，下班回家，孩子在床上睡著了，我們終於可以觸碰對方、親吻對方、取悅對方，感覺彷彿世界距離我們好幾光年之遙。我們被運送到另一個地方，被移到另一個時間裡，而那的確是一股榮耀的感覺。

## 性生活美滿會讓婚姻關係如膠似漆

夫妻擁有幾種最強而有力的婚姻黏膠，而滿足的性生活是其中之一，小孩也是，共同的價值觀、共同的信念、共同的夢想也是。

不過，性愛絕對是最強而有力的「黏膠」之一。

我要談的這種性愛需要費點工夫加上許多深謀遠慮——不過它給付的紅利絕對大於付出的努力。如果妳的伴侶在性愛上得到滿足，他會為妳做任何事情。他可以擋子彈，他可以跟火車賽跑。為了確保妳沒事，他什麼都肯做。而男人呢？如果妻子知道你把性愛視為送給她的特別禮物；如果你能讓妻子感受以前從未感受過的感覺；還有，如果你能懂得成為無私、敏感、能幹的情人，她會像小貓一樣滿足地喵喵叫，整個人溶化在你的懷抱裡。

> 性愛獲得滿足的男人通常會是比較好的父親和員工。一個性滿足的女人在生活中會覺得壓力較小，有更多喜悅。對健康的婚姻來說，性愛，十・分・重・要。

你聽過小朋友學彈鋼琴嗎？或許每個人都聽過剛學琴的孩子彈奏單調無趣的〈筷子歌〉（Chopsticks），不過大部分的初學歌曲通常都是一次彈一個音符，更進步時學習彈和弦：雙手彈奏出來的音樂比單手能彈奏的音樂美妙好幾百倍。

同樣的原則也適用於性愛。根據上帝的設計，男人和女人各是性愛的兩隻手。兩者各不相同，「每一隻手」彈奏出來的音符都不一樣。但是當兩者一前一後運作，卻可以創造出有史以來最美妙的聲音。

我希望提供給你們的是：兩人都能得到性愛上的滿足。妻子或丈夫若只因為義務而愛愛，絕對無法滿足他或她的伴侶。雖然有時候性愛的確感覺像義務，可能一開始是這樣，不過假使性愛一直讓人覺得像義務，那就不是我所謂的滿足。

因為擁有滿足的性愛的確需要花工夫，而且值得這樣耗費心思。讓我先跟人妻談談為什麼有個性滿足的丈夫對妳有好處。

## 女人！為什麼妳要讓另一半快樂？

### 性愛獲得滿足的伴侶會替妳做任何事

對男人來說，性愛是基本需求，如果這一部分受到良好照顧，便會感覺受到極大的讚賞，而採取相應的行為。

一個性愛得到滿足的男人，開車上班途中會想「我好高興娶到這個女人。我一定是世界上最快樂的男人！」開車回家途中則想「今天晚上我能替老婆做什麼特別的事？」如果妳想要這種忠誠和讚賞，就滿足丈夫的性需求吧！其他需求都不會讓男人產生如此深刻的感謝。

妳不必再埋怨必須自己要求在商店前停一下車買家用品，或檢查水龍頭是否漏水，性愛上獲得滿足的男人會熱心地自動跳出來幫妳。當妳跟他講話，不再是冷淡而疏離，他會想聽妳要說些什麼。

讀到這裡，妳或許會想：我試過了，結果沒效。那麼，妳誤解了我的意思。

妳不能只是「嘗試」這麼做，這必須變成一種生活方式。一段美好的性愛雖會讓男人心存感激，而且感激好一陣子。但是如果他接下來五次接近妳都被拒絕，他會想著那五次拒絕，而不是那特別的一夜。

因為生理構造之故，對大部分的男人來說，性愛感覺像一種需求，一旦有個女人殷勤而熱切地符合那個需求，男人會非常感謝。但如果女人拿男人的需求操縱男人，男人會心懷不滿；假使用來處罰男人，男人往往會充滿怨恨。

對大多數男人而言，性需求是他們從妻子身上所能找到的基本需要。

妳可以是最好的廚師、偉大的母親、絕佳的談話對象，可是如果妳在愛愛時不用心，妳的老公可能會大失所望。相反地，如果妳帶給老公刺激與奮的性生活，妳可能會很訝異他不那麼在意妳其他表現沒那麼好的地方。

## 讓伴侶滿足雖是義務，但卻不能為所欲為

一次深夜，珊蒂要求我讀《聖經》給她聽。

「當然，甜心，」我說：「我很樂意。」

她有點訝異我的熱忱。

我打開《聖經》，快速翻到〈哥林多前書〉（1 Corinthians）第七章三至五節：「丈夫要對妻子盡夫妻間的責任，妻子也要對丈夫盡夫妻間的責任。妻子對自己的身體沒有主權，主權在丈夫。同樣地，丈夫對自己的身體也沒有主權，主權在妻子。夫妻不要剝奪彼此的權利，除非為了專心禱告，彼此同意暫時分房；但以後還是要恢復正常的關係，撒旦才不會因為你們節制不了而引誘你們。」（英文聖經新國際版本NIV）

這一段講得夠清楚了，清楚到我可以給讀者看看李曼的翻譯版——保羅（Paul）要告訴我們的是：他要我們履行義務。如果我們想停下來禱告，也無所謂。我之所以愛這位偉大聖徒，是因為他要我們履行義務！

如果一個男人試圖利用〈哥林多前書〉第七章，對他老婆做出某件稍微變態又令她厭惡的事（「甜心，如果我想要肛交，妳必須配合。」或者「妳必須吞精。」）。我會提醒他一條空前偉大的聖經經文「愛……不是隨心所欲」（〈哥林多前書〉第十三章第五節）。聖徒保羅告訴我們，我們在婚姻中有性愛的義務，他在同一本書中堅決主張，愛不是隨心所欲。

簡言之，男人們，永遠不要勉強女人。

婚姻是相互順從對方的儀式。

當然，我們必須實事求是。無可否認，有時候，夜裡我把頭埋進枕頭中，想著性愛，而珊蒂也想著性愛，但是隔天早上醒來，很清楚一夜無事。

沒錯，有時候，你筋疲力竭，無法尋歡作樂；但是，如果只有你太累，你可能願意配合，因為你知道這麼做會讓你的另一半高興。

我喜歡〈哥林多前書〉第七章的原因在於：保羅完全去除宗教的爭論（好比有些人會利用上帝來逃避性事），扭轉了人們的想法，他對已婚夫妻說：「如果你們真的愛上帝，就要有性愛！」

## 愛愛？不愛愛？太常拒絕會有害兩人關係！

我跟已婚夫妻談論這點時，非常直截了當：如果你真的愛你的配偶，而他或她真的想要你的身體，如果你不給，就是自私。並不是說我們永遠不能自私，每個人偶爾都會，但是你不能讓婚姻長期在自私的態度下成長。否則最終你的自私會扼殺了婚姻。

撰寫本書期間，我跟一對夫妻談話，丈夫多年來因為沉溺色情影片而掙扎。雖然色情影片與隔離、孤獨、情感無法與他人連結等較深層的心理問題有關，然而如果妻子對性愛沒興趣或無法配合，對男人來說，就變成了額外的掙扎。對這個男人來說，最困難的是妻子月事來臨期間，因為妻子這時候無法跟他做愛。大約十年後，妻子終於了解以口愛或簡單的「手工」來取悅老公，幫助他度過那段艱難時期。妻子了解到性愛是兩個人的事。

當然這並不表示丈夫可以因為妻子不配合，而利用色情影片來逃避指責，而妻子也可以更輕易地讓老公保持清心寡欲。

## 男人搶時間，非「做」不可，女人重感覺，無「愛」不做

這裡有個共通的情節：丈夫一早醒來，伴隨著無庸置疑的生理反應，「快樂先生」早就準備好要「跳舞」了。丈夫察看一下，老婆正溫柔地睡著。他迅速瞥一眼時鐘，時間是六點十五分，而他們都是七點才起床。

他愈是想著時間，就愈想做愛。

四十五分鐘！他對自己說：男人啊！四十五分鐘能做什麼呢？

然後他開始以只有男人認為有效的方式溝通。他將腳挪到妻子那一側，用腳趾頭戳戳她，希望她會得到暗示。等這麼做沒有作用，丈夫可能會直接撫摸妻子的胸部，滿懷期望。

或者，男人會看著緊閉雙眼、打起鼾來像驢子的女人大聲問：「甜心，妳醒了嗎？」

只不過妻子往往會像被芒刺刺中般跳起來尖叫：「你以為你在做什麼？我還有四十五分鐘要睡！」

有時候，妻子會婉言說道：「我還沒刷牙。你一定不想親我！」

甜心，他想做的非常多，不只是接吻！

如果婚姻是自私的，男人會聽到各種防禦措施：「我們會吵醒小孩。」「我很累。」「你是愛愛愛上癮了喔？」

如果婚姻是無私但毋需履行的，那麼妻子可能會默許丈夫從電話簿裡衍生出其他熱情。妻子變成了性容器之一，就只是這樣。

如果婚姻是美滿的，那麼雙方就會看到彼此。

男人可以了解妻子需要睡眠，而且基於對妻子的愛，會讓她睡個夠，等以後再跟她求愛。或者妻子可以做出犧牲睡眠的決定，滿懷喜悅將自己的身體獻給丈夫，這遠比那寶貴的額外幾分鐘睡眠重要，因為對兩人的關係有所助益。

在許多婚姻中，當夫妻一方被拒絕，兩人的關係就埋下痛苦的種子，等當天稍晚，妻子要求丈夫帶岳母去雜貨店購物，丈夫卻說：「不行，我沒辦法。」

「為什麼不行？你只是在看球賽。」

「我很忙。」

「你看起來並不忙啊！」

「不管我看起來怎麼樣，總之，我很忙。如果妳媽需要購物，妳幹麼不帶她去？」

究竟是怎麼一回事？

這是心理學上的延遲反應。無可否認地，這是惡意攻訐，但是卻一直發生。丈夫心中這樣想：「如果她拒絕我，我也要拒絕她。」

《箴言》（Proverbs）第十三章第十二節告訴我們：「希望幻滅，心靈隨之破碎。」告訴我，你們倆對婚姻生活的希望是什麼？

你認為這希望像什麼？

你認為你的配偶希望什麼？

如果那些希望未經思考就被丟棄，最後，伴侶的心靈生病了。

我見過這種情形一再發生：快樂結婚的年輕夫妻，慢慢看著曾經快樂的情愛，被一鏟鏟的痛苦和怨恨完全埋葬。他們變得心胸狹窄，不再寬容，變得追逐私利，不再寬宏大量。

坦白說，是他們自己讓彼此難受、痛苦。

當一個男人的希望經常被擊潰，憤怒、敵意和怨恨最終會充滿整間屋子。當然，許多男人的希望不切實際，需要質疑。坦白說，我以為結婚後可以每晚做愛，然而才沒過幾夜，我就知道這根本不會發生！所以，在婚前、婚後剛開始，以及整段婚姻的過程中，與伴侶談論你的期望和希望有多麼重要。

對夫妻來說，唯有溝通討論，才能找出哪些需求不切實際，哪些需求合法正當。正當的希望不應該被扔在一旁；如果這樣的希望發酸了，將會感染你們關係的每一個面向。

## 性愛獲得滿足的男人會覺得自己很不賴

身為男人的我們，許多人受制於另一半在性愛上回應我們的方式。

雖然這樣的說法可能令某些女人感到驚訝，但是身為心理學家，我相信，每一個健康的男人都想成為另一半心目中的英雄。他想引導伴侶逐步來到高潮的狂喜。他很高興妳正在體驗性高潮的狂喜，但是同時，他也看著妳，心想：我讓妳高潮了，這真是太棒了！

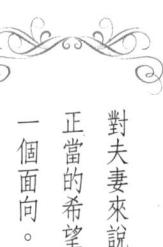

他在工作上的表現可能並不頂尖，他可能沒有跑得最快的車子，他可能失去了剛認識妳時的英俊外表，他的膽子愈來愈大，頭頂可能也愈來愈禿。

> 如果他的甜心還夠愛他，愛到偶爾會熱情地在他背上留下幾道抓痕，他還是會覺得自己像是這世界的主宰。為什麼呢？因為他能取悅他的女人。在這個星球上，沒有一個男人不想知道他可以令他的女人在床上瘋狂。

相反地，如果你想弱化一個男人，從床事下手的確是最好的選擇。說他對性愛上了癮，揶揄他的做愛技巧，表現出他怎麼做都引不起妳的性趣。但是，如果妳這麼做，要小心喔！他會找出方法來反擊妳。沒錯，他會找到的，相信我。

## 性愛獲得滿足的男人，會以過人的活力與決心成就人生

在今天企業瘦身和恐懼失業的氛圍中，滿足的性生活就好比替男人裝上一顆充電電池。你們每一次愛愛以後，男人會知道妳渴望他，這就等於替他的電池充電。他會再一次與世界交手，或許是面對那個愛找麻煩的老闆或艱鉅的職場挑戰，或者那個封閉的就業市場。可能有二十家公司拒絕了他，但若這個男人家中有位愛妻，隔天醒來，他會再拜訪二十家公司。

性愛爲男人提供能量，替男人建立自信，創造整體的幸福感。

男人獲得力量，可以堅持不懈，完成未完成的工作，因為他與所愛的人協調融洽，於是，

他的工作有目的，一天結束後有獎賞。

男人從供養家人的過程中得到極大滿足。當然，時至今日，絕大多數的婦女也在外工作，但是我認為，女人並不像大部分的男人那樣，可以從拿薪資回家的過程中得到心理上的愉悅。當然，少數女人有同樣的心態，不過大部分女性將在外工作視為分擔家計所必須付出的努力。

## 性愛獲得滿足的男人會感恩人生中的重要事物

凡是男人，都屬於以下兩種的其中之一：以家庭為中心，或以家庭之外為中心。以家庭之外為中心的男人找到滿足的方法，包括長時間工作，或者到酒吧與死黨一起喝酒，有些人甚至逃到教會裡。但是不管男人是去辦公室、酒吧或教堂，如果他將妻小留在家裡，就是以家庭之外為中心的男人。

如果一個男人以家庭爲中心，很可能是因爲皇后有辦法讓國王快樂無比。

男人的歸屬在家庭。許多年前，人們常說女人的歸屬在家庭，引起女性極大反彈，但是我認為，男人比女人更完全屬於家庭！男人在外可能有許多的老闆，但是在家中，他有機會親切地展現權威並得到他應得的尊重。每一位健康的男人都需要一個良好的家。

我的行程經常需要離家，但是我非常以家庭為中心。我常常迫不及待想回家，而且每次離家，我就拚命打電話，有時候次數頻繁到快把珊蒂逼瘋了。

「李曼，你聽著，」她說：「你可能在回家的路上了，可是我還有一些瑣事必須做完！」

對我來說，夢想的日子就是回家，在家閒閒沒事地鬼混。我就是愛那種感覺，我根本不會想到別的地方。

如果一個男人以家庭之外的某事為中心，就必須常常離家，才能替電池充電。他只是勉強回家，而且當他在家時，他的心卻在外面。他會表現出怨恨待在家裡的樣子，而且待在家裡時，他對「打擾」他的人粗暴無禮。他的老婆和孩子得到的只是敷衍，不是全心對待。

如果一個男人以家庭為中心，絕大部分是因為在家讓他感覺到家人愛他、需要他、接受他本來的模樣，而且有個想要取悅他的妻子；他會做任何鞏固家庭的事，因為那是他最重要的世界。

他毫不猶豫地犧牲辦公室中的聲望，在晚餐前回到家；他不會因為老闆恫嚇而錯過兒子的球賽，或太晚回家，無法哄小孩上床睡覺。他會確定房子修繕妥當，因為健康的家對他很重要，比任何事情（或許，信仰除外）都重要。

人妻們讀到這裡可能會想：爲什麼我老公不是以家庭爲中心的人呢？

妳想責怪他，但是讓我換個角度來講：「妳會向他求愛嗎？」

他有沒有理由相信，有人會以具創意且偶爾自發的方式讓他的性需求和渴望得到滿足？

換言之，妳有沒有把家變成老公回來時會覺得比較興奮的地方呢？

如果答案是肯定的，那麼妳的丈夫會願意投資時間和精力，而妳會得到性愛上的滿足。

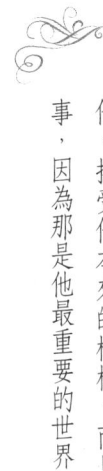

## 男人！讓你的女人快樂地喵喵叫

### 用看的更好

各位男士們，面對這個事實吧！我們最自然的墮落狀態會引誘我們變成偷窺狂。可以說，這是男人的性別傾向，男性購買色情影片占壓倒性多數。為什麼呢？

男人喜歡看。

無論如何，這現象有其健康的一面。男人被創造成這個模樣，是要來看特定的某個女人，而不是要看所有女人。造物主傳達訊息給我們，祂讓我們感受到看著另一半達到高潮所產生的興奮，就像自己達到高潮一樣。所以，色情影片或買春永遠無法滿足一個男人的靈魂。大多數的男人在獨自經歷性經驗後，都會感到被貶低，有羞愧感。

> 在男人的內心深處，我們不只是想要感到滿足，我們也想滿足自己的伴侶。最好的滿足來自於滿足另一個人，而不是自己感到滿足。

這是色情影片、色情電話、豔舞或買春永遠無法給你的。如果你墮入任何形式的色情陷阱中，請投入所有時間、心力和開銷，與你的伴侶一起創造滿足的性愛關係。看著你的女人享受人生中的快樂時光，從中學習享受性愛。

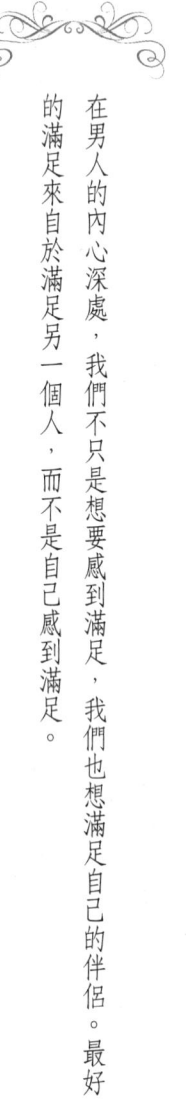

「可是李曼博士，」有些男人抗議了：「你不了解。提到我老婆的性需求，真是矛盾啊！她根本不需要！」

後續章節裡，我們會討論有些男女的低性欲問題。不過現在，我要提出一個可能性：在求取性愛方面，你是否曾把性愛當作你該得且想要的事物？或者，你是否曾把性愛當作取悅老婆的絕佳方式？而這可是其他男人無法辦到的喔！

也許，你老婆對你想要愛愛的方式沒興趣。可是你確定她不想用不一樣的方式愛愛嗎？你可曾考慮過這樣的事：如果在她泡熱水澡之際，你把餐盤洗完並哄孩子上床，然後等她出浴時，替她把乳液抹在雙腳上，也許讀書給她聽，或談談她一整天發生的事，對她來說，這是否就是性愛？還有，兄弟，我並不是說這樣的事只做一次，別期望一千個夜晚只做一次就能讓你老婆對性愛回心轉意！這有必要成為一種生活方式，你老婆才會覺得休息夠了，實在太感謝你了，在性愛方面可以更敞開心扉。

學習在妻子的高潮中找到你的滿足，你會因此改變你的愛情生活。

不要把愛愛變成你所要求的某樣東西，要試著把它變成你付出的東西。想要真的付出某樣誘人的東西，就必須讓你的伴侶覺得它看起來很迷人。請找出能讓她快樂地喵喵叫的原因，然後去追求它。

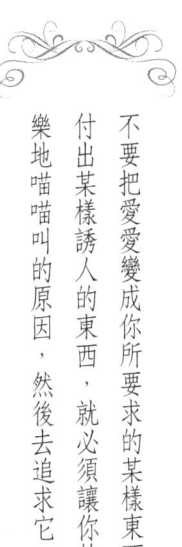

## 誰是婚姻的贏家？

有時候，坐在我辦公室裡的一對夫妻，會突然激烈爭辯起來。我會讓他們繼續爭辯下去，直到我掌握了自己的看法，然後我會問：「告訴我，這樁婚姻誰贏了？」

有時候，我會遇到有人茫然地看著我：「這傢伙在講什麼啊？」我真正要問的是：「誰占了上風？」

然後我會接著說：「如果有人會在這段婚姻中成為贏家，那麼你們顯然都是輸家，因為婚姻不是戰爭，而是一份關係。」

在婚姻中，操控造成十分嚴重的破壞，而且操控是大部分男人失敗的地方。男人往往被認為是肉體侵略者。對他來說，在性愛上支配一切很容易在婚姻中建立操控的地位，他會在每一次愛愛中「證明」他的男子氣概。

你知道嗎？雖然有時候女人頗享受被「征服」的滋味，前提是要建立在健康、深情、忠誠的婚姻中。不過我從未認識喜歡永遠或大部分時間都是如此調調的女性。

如果性愛變成婚姻中真正的問題，那往往是競爭「誰是老大」的某種權力鬥爭，而男人非常善於用難以捉摸的方式來掌權。

事實上，女人可能被一個從不對她要求性愛的男人「控制」。這種男人採取被動的方式，總是堅持由另一半主動要求性行為，所以他永遠不會有被拒絕的風險。在真實情況下，這是一種積極的「被動控制」行為。女人必須符合他的條件，才能接近他。一開始，這種關係並不會呈現出控制；事實上，看起來可能非常平和。但是卻玩著一種心理模式：對他來說，要在情感上滿足性愛，就必須按照他的條件，並且由另一半主動。

相互順從是比較健康的模式。這可能是我在諮詢室中遇過最困難的事情之一，因為相互順從往往是要你漠視自我，而大部分人最不想放棄的就是自我。但婚姻是學習將他人的需求擺在自身需求之上，而這是遠超過臥房以外的事務。所謂婚姻，是優雅地做著夫妻之間平凡的日常瑣事，發展一段情誼，加上相互照顧。

如果你在婚姻中「獲勝」，那麼你的人生必有損失。放棄控制吧！運用你的權威去服務、保護、取悅對方，那才是婚姻真正該落實的地方。

## 在臥房以外的地方體貼老婆＝展現愛意

美好的性愛是一整天的韻事。你不能把老婆當僕人，卻期望她在夜晚極度渴望與你同眠。你老婆的性愛回應取決於你幫忙洗碗、照顧孩子的功課或修理滴水的水龍頭的意願多寡。

許多男人很難了解這點，主要是男人把性愛從日常生活中的其他部分剔除。男人認為性愛會自行修復所有事情，但是對女人來說，性愛並沒有此等功效。環境、歷史、目前情感封閉的程度——這些全都直接影響你老婆對性關係的渴望與享受程度。

這就是為什麼，我花許多時間幫助女性在床笫間採取更主動的態度，也試著幫助男性在其他地方要更積極。如果我們可以在這些事情上符合另一半的需求，大多數的婚姻都會很不錯。

好情人在臥房外努力的程度跟他在臥房內不相上下。

大部分的男人不了解，在心理上，裸體的女人會覺得自己非常脆弱。性愛的行為等於是女人邀請某人進入她體內。最親密的行為莫過於此。

問問任何一個女人，看看她對婦科醫師的觀感如何。跟我談過話的大部分女性都厭惡這種必要的約診。想一想，來到一間冰冷的診間，然後被要求脫光衣褲，那感覺多貶低自己的人格。穿上一襲輕薄長袍，背後帶著令人尷尬的飄動，被告知兩腳放在兩個分開的馬鐙上，宛如展翅的老鷹，此刻，妳覺得自己最隱私的部位，公開展示在一個走進房內、衣衫整齊的醫師前。這時女人是非常脆弱的。

哦！對了，他們會為妳蓋上一條白色的薄床單。

在許多方面，婚姻的感覺就像造訪婦科醫師的辦公室。婚姻要求我們脫掉保護自己免於受傷的所有面具。男人害怕地想，老婆會不會嘲笑他們的性愛要求；女人則想，不知道老公是不是認為她們的身體魅力不足。

婚姻和夫妻間的性愛需要許多信賴。在生活中曾受過傷的人，在情感上更容易裹足不前。所以，床笫之事通常會精準地描繪出婚姻中的其他面向。夫妻情感上的弱點，不管程度如何、是好或壞，最終都會出現在臥房內。如果沒有建立起信任，那麼夫妻的床笫關係會愈來愈冷淡。一旦信任經過深情的加持，通常夫妻之間的熱情會逐漸升溫。

床笫上的成功通常會出現在其他關係的面向上；夫妻之間愈是相互體貼，愈會尊重對方。一旦你的婚姻變得更好，通常性生活也會變得更好。一旦你的性生活變好，往往也就改善了婚姻中的其他面向。

此兩者複雜地糾纏在一起，因此，在任何一方付出更多努力，都是非常好的投資。為人妻的女性，妳希望老公成為更好的父親嗎？妳希望他花更多時間在家嗎？妳要他更用心聽妳說話嗎？如果妳希望得到這些，就幫他在性愛上得到滿足。

人夫們，你想要一個沒承受莫大壓力，並且更感謝你、尊重你的老婆嗎？那麼請學習在性愛方面要怎麼做，才能取悅她。

每一對夫妻都能因性生活變得更好而受益。這是非常愉快的工作，而且在我的經驗中，很少有事物可以產生如此驚人的額外福利。

# 4 性愛交響曲——初夜與往後的日子

女人脫掉一件睡袍的時間，男人可以從零下冰點衝到三百度。但你只有一次機會，好好做個把伴侶擺第一、關心另一半感受的情人吧！

坦白說，我剛結婚時，笨得跟泥漿一樣。我可不希望你度蜜月的時候跟我犯同樣的錯誤。如果你已經結婚，請繼續讀下去。如果你花時間跟我採取同樣的做法，你可能會發現，即使婚後二十或三十年，要回去重新打基礎可要付出高昂的利息。

身為準新人的我，老爸從來沒有把我拉到一邊，告訴我應該帶珊蒂到一處美麗又浪漫的地方訂婚。我們沒有什麼錢，也付不起美麗又浪漫的地方。所以，我替珊蒂戴上訂婚戒指是在我父母親屋子後方的原野中。她接受我的求婚，周遭是豕草，不是玫瑰花。

順道一提，那天是亞利桑那州的一個炎炎夏日，草地上有無毒的小蛇亂竄。

「甜心，妳願意嫁給我嗎？」

「當然願意！」

周遭都是蛇爬行與吐信的聲音。

每次想起我們的新婚之夜，我就不好意思，當時珊蒂和我第一次開始「做那件事」。我很幸運，珊蒂並沒有直接關上「旅遊小屋」（Travel Lodge）的門，然後告訴我她會自己找路回家。

沒錯，我們的初夜在「旅遊小屋」，是不錯的旅遊小屋，一夜四百元，含稅！

沒有人告訴我應該要帶珊蒂去豪華飯店。沒有人告訴我別把新婚的第一夜耗在亞利桑那州的尤馬市。尤其是熱翻了的八月！

而且沒有人說，把蜜月旅行前三天耗在觀賞加州天使隊（Angels）對紐約洋基隊（Yankees）的系列球賽是錯誤的。我是米奇・曼托（Mickey Mantle,1931-1995，1974年被選入名人堂的美國職棒球員）的超級球迷，當時他來到西岸。不管當時有沒有結婚，我怎麼可能錯過這樣的好機會？此外，有什麼比白天看棒球、晚上愛愛更棒的事？

我回想蜜月旅行，頗難為情，珊蒂卻覺得很甜蜜：「親愛的，我愛我們的蜜月旅行。」

如果你拿起當地的週日報紙，讀讀報上的結婚公告，你會聽到成雙成對去夏威夷茂宜島（Maui）、去厄瓜多爾或搭加勒比海遊船。你一定找不到有公告寫著：要去亞利桑那州的尤馬市、外加三場天使隊和洋基隊的系列棒球賽。

我真是蠢笨如泥，毫無頭緒。可是不知怎地，珊蒂和我一路過來了。儘管現在的夫妻檔更擅長籌畫蜜月旅行的地點，但是我發現，許多人依然缺乏基本知識，不知道如何讓婚姻有好的開始，尤其性愛方面更是如此。來聽聽典型的婚前諮詢講習：

## 配合另一半的性愛節奏，才能「情色和鳴」

一對年輕夫妻走進我的辦公室，那天我們排定要討論性愛。我將一把小提琴交給那名年輕男子，說道：「請為我演奏一曲吧！」

他看著小提琴，回頭看著我說：「我不會拉小提琴。」

「這不是什麼高科技。這是弓，這些是弦。把弓跨在弦上來回磨擦。我想聽你拉拉看。」

年輕男子不情願地將弓拿在手上，手臂向下移，然後我們三人都很怕聽到那樂器迸出嚇人的嘎吱嘎吱聲。

「很好。」我說。

「你這話什麼意思？很好？聽起來好可怕。」

「對第一次拉的人來說是很好。你製造了噪音。現在的問題是：我們需要製作音樂。」

然後我把小提琴遞給了新娘，「我們來聽妳演奏。」

她從未婚夫手中接過樂器，將手臂往前推，製造出同樣嚇人的聲音。

「很好。」我說：「你們兩人都會製造噪音。這玩意兒是用來演奏音樂的。你們倆將在未來幾週內體驗某件事，你們知道我在指什麼。婚後，你們會在飯店住宿，你們將會一整夜耗在一起。在床上！就在一扇上了鎖的門後面！」

「但是初夜有可能演變成噪音多於美妙的音樂；即使如此，也沒有必要沮喪。就像音樂家剛開始一樣，你需要訓練和練習。」

「以下是你們蜜月旅行的指定作業：認識對方的力氣、身體和性欲。這才叫做有趣的在職訓練！你們會愛上這項練習。雖然有時候會覺得笨拙不靈光，會做些笨事，說些蠢話，可是如果你牢牢記住你的工作是去愛眼前這個人，就會表現得很好。你們會以自己從來沒想過的方式，體驗彼此的節奏和錯綜複雜的……」

如果男方不是處子，女方不是處女，我還是會用類似的方式鼓勵他們：「艾倫，你要了解梅莉莎跟別的女人不一樣；而梅莉莎，艾倫跟別的男人不一樣。你們需要將過去一筆勾消，然後找出什麼會讓這個特別的男人感動，什麼會讓這個特別的女人喜悅。」

新婚夫妻如何一起開始創作音樂呢？合作騎雙人自行車，就可以了解他們試圖演奏什麼樣的交響樂。

## 第一次的表現

「李曼博士，你不會相信那些花有多美麗。我等不及要你去看看。還有蛋糕……我們發現了一個好吃得令人難以置信的檸檬蛋糕。入口即化，每個人都愛死了。我媽和我試吃了大約一打不同的糕餅！光是試吃，我的體重大概增加了兩公斤！」

「我找到了兩位能夠配合的攝影師，可是不確定找他們對不對，所以我們還在找……」

跟準新娘談話，往往會聽到許多婚禮相關的安排。有些準新娘會買五本雜誌，每本約兩、三公斤重，然後花幾個小時找尋合適的服裝、完美的髮型，還有伴娘適合的造型。

可惜的是，鮮少有人會花上跟爲婚禮挑選花朵同樣的時間，與未來的配偶討論對性愛的期望。

我要告訴讀者一件事：婚禮後三週，你用一隻手就算得出有誰還記得你在婚禮上用了哪種花飾。但是討論彼此對性愛的期望，將會在未來幾年塑造出你對家庭、對婚姻的滿意度。

珊蒂和我剛結婚的時候，我的期望大概跟你的期望一樣高。我把自己保留給她，而現在，她即將得到全部的我，一天好幾次耶！令我訝異的是，珊蒂居然沒有抱持跟我同樣的期望，她認為我們可以在大部分的夜晚好好睡覺。想像一下這種情況吧！

拜託再拜託，婚禮前幾週務必跟你的伴侶，具體談談你們的性愛期望，包括第一次。

如果你們願意談談想要什麼、不想要什麼，就可以免去許多的痛苦和心碎。好好面對這個事實：如果你無法談論性愛，你們的關係要如何真正親密呢？

## 盡可能慢慢……愛愛

蜜月期間，碰到愛愛的時機，我喜歡ASAP。大部分的人認為，ASAP的意思是「盡可能快」（as soon as possible），但是在這裡，它的意思是性愛「盡可能慢」（as slow as possible）。生手新郎如果想給新娘一個特別的夜晚，就必須把這個標語烙印在腦海中。

男人啊！當女人看見裸男走出飯店浴室，可能會震撼或甚至嚇到。這麼做根本引不起女人的性欲，然而有些年輕男性顯然不這麼想。不幸的是，這樣的手法司空見慣，你不會相信有多少新郎蜜月時試用這一招。

我告訴男人，速度要比他們認為必須的速度慢三倍，動作要比他們認為必須的動作溫柔十倍。「你已經等這麼久了，」我說：「再多個三十分鐘營造氣氛不會死人。」

要與這場大規模突襲戰鬥的女人們，不要害怕，要非常具體地告訴妳的另一半妳對初夜的期望：「我希望我們到外面吃晚餐，然後我想洗個澡，放鬆一下。等我從浴室走出來，希望你穿絲質短褲和一件睡袍。我們要花些時間接吻，然後開始脫掉對方的衣服……」

可別就此停下來，尤其如果你們是處子或處女，請告訴你未來的另一半，你想怎麼做（但這可不是嘗試各種性愛體位、實際演練男女所知各種動作的時間或地點）。

這樣一來可達成兩個目標：第一，就性愛而言，這麼做能避免經常發生在夫妻之間的誤解，這些誤解往往在一開始就造成激烈爭辯。第二，這麼做會幫助未來的丈夫約束他的期望，更實際的看到新婚之夜該呈現什麼樣貌，避免可能的失望。

舉例來說，雖然年輕男性往往渴望展現自己的裸體，就像他們渴望看到女人的身體一樣，然而女人的第一次可能比較喜歡在照明微暗或甚至一片漆黑的情況下走進臥房。她可能會接受燭光，不過即使是燭光，都會讓她覺得有點不自在。

為了幫助夫妻處理這類事情，我會給雙方各一張紙，要求他們寫下對新婚之夜的期望。這往往會讓未來的配偶大開眼界，看到兩人的期望是多麼不一樣。

這就是我們在第二章談到的性愛地雷區。

男人說：「我只是想像自己在等她，看她走出浴室，穿著這件漂亮的短睡袍，我是指真的很短的睡袍，而睡袍下面穿著這件小小的豹紋丁字褲。」

「丁字褲！」年輕女子不由得喊出聲來。

「嗯，現在還是輪到他講話。」我溫和地指出。

「總之，我會抱住她，愛撫她，而她會回吻我，接著我們躺在床上，然後……」

「你要我穿豹紋丁字褲?!」

性愛ASAP可以比喻成準備著名的巴特博爾（Butterball）火雞的過程。我喜歡告訴年輕男士：「巴特博爾是很棒的火雞，準備好上桌時，會有個東西砰地一聲彈出來。你必須先做好許多事前準備工作，火雞身上的球狀物才會彈出來。溫度必須調得剛剛好，火候必須完美。爐子需要擺設正確。要引發女人的熱情就和準備火雞的方式是一樣的。慢‧慢‧來，並做好事前準備！」

## 男人的熱情一觸即發，女人卻要慢慢加溫

「對年輕男性而言，達到性高潮向來不是問題的重點。你可以在任何時間、任何地點得到滿足。女人脫掉一件睡袍的時間，男人可以從零下冰點衝到三百度。但是你的新娘可不是這樣，她需要正確的擺設和適當的溫度。」

準新郎需要了解性愛的範圍遠超過生殖器。

「你知道怎麼做才能真正引起新婚妻子的性趣？」

「怎麼做？」

他期待我談些特別的愛撫招式、神祕的體位等等類似的東西。而我卻說：「在她進浴室沐浴前，先凝視她的眼睛，告訴她：『我非常感謝上天，我才能把自己保留給妳。我只想跟妳在一起。妳永遠是我愛愛的唯一對象。』」

這話會讓任何年輕女性哭泣，而這也讓年輕男性知道，性愛之於女人包含話語和情感，以及其他肉體撫摸以外的事情。

探討初夜的過程中，請將你的期望保持在現實層面。你們有幾十年的時間可以在性愛方面探索對方——初夜只是未來數千次性愛中的一次（或兩次、三次或四次）。

第一次當然是特別的，但這是因為來自於兩人合而為一的意義，而不是某種特定的性愛技巧。

老實說，大部分的人替新婚之夜的分數最多打丙等，而這樣的評分已經很寬鬆了。這是一種學習經驗。請牢記，創作美好的音樂是需要花時間的。

## 難以啟齒的性愛問題

婚禮的日子近了，你會覺得比以前更接近你的愛，而且性愛的引誘可能達到巔峰。若要處理這個問題，談論性愛而不擁有性愛是一種非常實用的方法。當然，地點很重要，在臥房討論可能演變成不僅止於口頭表演，所以要選擇公共場所，找一家好餐廳享受一份特別的點心，然後逐一討論這些問題：

- 在你們的關係中，有什麼棘手問題浮出檯面，需要好好談談？（某一方有未解的傷口或憤怒？）
- 要結婚了，你有什麼恐懼的事？（他是不是還在想，我早上醒來會不會很難看？如果我的口氣不好聞，怎麼辦？如果她在我剛大完一大坨昨天的晚餐後進浴室，那個氣味把她熏昏了，該怎麼辦？）
- 關於擁有積極的性生活，你們心中有哪些恐懼？（如果她沒達到高潮，怎麼辦？如果我不知道如何取悅他，怎麼辦？）
- 你們會避孕嗎？如果會，採取哪一種方式避孕？

這些問題會啟發你，想出更多問題。有些夫妻在婚禮前會有一段保住貞操的艱困期，因為他們感覺彼此非常親密。容我透露一個小祕密：談論性愛問題會比實際愛愛的感覺更親密。我所發現的情況是：最早開始性行為的那些夫妻，最後卻變成最少談論性愛的夫妻，這樣的結果讓他們後來以最不滿足的狀態收場。

## 女人必讀

### 準備好自己的身體

對女性朋友來說，有必要在婚禮前至少三個月內做一次完整的健康檢查。我現在要說的話也許聽起來讓人難受，但是我要分派一份作業給妳們：在醫師替妳看診時，要提到妳的蜜月旅行並要求她（或他）特別檢查妳的生殖器。如果妳是處女，妳的醫師有必要顧及妳的處女膜，也許還有陰道的肌肉。如果這兩處會讓妳愛愛時疼痛，醫師會建議妳做準備運動，幫助妳把自己的身體準備好。現今甚至有各種等級的陰道擴張器，在洞房之夜前，可以用它溫和地撐大自己的陰道。

我知道這聽起來挺難堪，但是請相信我：在妳的醫師面前經歷這種難為情，遠比在蜜月期間因為性愛只帶給妳疼痛而讓妳和丈夫失望好上許多。今天的醫學先進，沒有理由不替自己的性愛活動事先做準備。另一半勃起的陰莖，周長將介於十一至十四公分之間，比衛生棉條大許多，如果妳不為妳的陰道做性行為前的準備動作，那麼妳感受到的不舒服會多過歡愉。

一名年輕女子坦白對我說，因為新婚之夜前她沒有做任何事前準備，她發現第一次有點疼痛。她的丈夫看著她，注意到她的臉部肌肉抽搐，於是問：「哪裡不對勁？」她回答：「趕快做完吧！」

妳不會希望妳的初次性經驗是這樣，對吧？

這樣想好了：妳不會沒有經過訓練就去跑馬拉松吧？如果妳以前從未騎過腳踏車，不會期望騎著單車跑一百公里吧！妳反而會鍛鍊自己的腿肌和耐力，直到妳有自信能夠騎一百公里。

如果妳是處女，或是很長一段時間沒有性行為，而妳的陰道肌肉在不久的未來會大量運動，妳有必要做好準備。

## 性感內衣，會讓男人驚豔不斷

除了把身體準備好之外，妳還需要蒐集某些日用品。如果妳的預算許可，挑幾套性感內衣帶著，讓他整趟蜜月驚豔不斷吧！

其次，因為妳的身體不習慣性愛運動，當然，或許是一段時間沒有或很少從事性行為，不妨帶一瓶潤滑劑隨行。妳可能不需要（如果需要，也沒什麼好難為情），不過假使妳的確需要卻少了這一瓶，對你們兩人來說，可能既難進入又會造成疼痛（不過唾液永遠是有效的應急物）。妳丈夫可能不好意思去買潤滑劑（液），我通常會建議由妻子事先準備。如果你們使用保險套，不要用凡士林或石油提煉的凝膠產品，因為會破壞乳膠。

此外，妳有必要在心理上和心靈上做好準備。有些類型的恐懼是可以理解且正常的。妳不知道性愛會是什麼模樣，而妳即將學習與過去所知的一切極不相同的事情。

很有可能，妳的第一次並不會達到高潮，不過妳會感覺到溫暖且貼近妳的丈夫。

如果妳花太多時間思考這該怎樣做或那該怎麼做，那妳鐵定做不好。

我喜歡建議夫妻檔好好讀完〈雅歌〉（Song of Songs，又名〈所羅門之歌〉Song of Solomon，依據使用的聖經譯本而定）。裡面談的是性愛呢！它對信教的夫妻非常有助益，可以看見上帝不僅赦免，還積極讚美夫妻之間的性行為。

## 拋開禁忌，盡情享受性愛

再來就是放寬心，記得夫妻之間的性愛是件非常自然的事。身為已婚夫妻，沒有什麼好罪惡，有忠誠的丈夫伴隨，沒有理由感到恐懼。妳所在的地方很安全，做著技術超凡的造物主所設計的一件美事。陰莖和陰道配合得天衣無縫。

如果妳肯對老公說：「感覺好棒，我喜歡。」這對他意義重大。如果妳有強烈的欲望或想要更多，告訴他吧！相反地，如果他太粗暴，溫和對他說：「輕一點，溫柔一點。」妳要調教的是一頭印度神牛，而妳就像精緻的瓷器，他需要花些時間學習如何調整自己的速度。

如果男人太快達到高潮，不要驚訝或生氣。對處子或欠缺性愛經驗的男性來說（甚至是長期沒有性行為的男人），這是很自然的事。假以時日，妳的丈夫會懂得如何控制自己，直到讓妳滿意，不過射精控制就像其他事情一樣，是需要學習的技巧。要體恤他；如果妳令他覺得緊張，狀況只會愈來愈糟。

如果妳看了〈男人必讀〉這一節，妳會明白我力勸他們慢慢來，要有耐心，要注意溫柔體貼，尤其是在新婚之夜。我想要給妳相反的建議。妳所能給妳老公最好的禮物是一個對性愛反應熱情的伴侶。

將禁忌放在一旁。盡力接受自己的身體，並毫無保留地獻給妳的另一半。最重要的是，好好享受，確定妳的伴侶看見並聽見妳的愉悅。幫助他取悅妳。

## 男人必讀

首先，如果你跳過了〈女人必讀〉這節，請翻回前面把它讀完。那裡有許多資訊會幫助你在新婚之夜及蜜月期間，變得更敏銳、更善解人意。你需要知道，大部分沒有性經驗的女性剛開始有性行為時，會有些疼痛。畢竟你的身體不是這麼運作，說穿了：你的身體不會有東西反覆插入。蜜月期間，你得放慢動作，當個敏銳的情人，讓妻子休息一下。第二天再表演一次，她可能還是會很痛。千萬別以自己的角度認定這件事，她可能真的想愛愛，也可能真的會受傷。這不是她的錯。

有件事可能有幫助。我相信男人不需在婚前有任何性經驗，但是如果他在蜜月前學會控制射精，對他的新婚之夜是有助益的。我認為婚前性行為既不健康又不道德，所以男人學習控制射精的唯一方式是透過自我刺激。就像女人將她的陰道準備好在新婚之夜接受你，你也可以準備好，讓自己的身體可以更持久，這樣才能取悅她。

## 練習更持久，取悅你的女人

請在婚前一或兩個月開始強化你的「恥骨尾骨肌」（簡稱「恥尾肌」）。請運用本書（參見第123頁）提到的運動，會協助你控制射精。保持思想純正，把這些練習視為像伏地挺身一樣的身體運動。最重要的是懂得自己的身體如何反應，以及如何趕走「欲罷不能」。如果你能熟悉那種感覺，就能夠倒退並懂得自行控制射精。

此外，你也可以考慮在婚禮當天早晨或前一夜自我刺激。同樣地，我知道有些人在這點上並不認同，不過在生理上，如果一個男人很長一段時間沒有射精，被刺激後很難不立即射精，尤其如果這是你的第一次性經驗。假設你希望你們的第一次性愛感覺正向且令人難忘，保持控制的能力是一份受歡迎的禮物。

如果你選擇使用保險套（潤滑過的最好）做為避孕方式，你可能要在新婚之夜來臨前先練習套一次。因為有些女人第一次愛愛時偏愛微弱的燈光或甚至漆黑一片，當你練習過才知道什麼階段該用、該怎麼用，才能免去必須開燈令老婆難堪的窘境。

希望你了解這些建議背後的動機，把重點放在：讓初夜成為新娘最深情、貼心的經驗。你能嚇壞她，讓她覺得噁心，也能溫柔地愛她並取悅她。你只有一次機會，可以建立正面的性愛第一印象。好好做個將另一半擺第一、關心她的感受、預先考慮她的需求的情人吧！

## 聽女人說話是最催情的前戲

這意謂著你必須將女人的情感需求置於你的肉體需求之上。這裡有個非常實用的忠告：如果你的妻子在新婚之夜想先談論婚禮，並重溫婚禮的體驗，才有興趣與你袒裎相對，可別驚訝喔！事實上，你要抱著期待的心情。年輕女性會夢想她們的婚禮；你的妻子也會陶醉其中，與你討論，透過與你分享來處理這樣的經驗。

你可能想知道她脫掉衣服後是什麼模樣，不過她卻想知道婚禮上，捧花女孩和捧戒指男孩迎面相遇時，你在想什麼？

男人啊！這是性愛的一部分，請牢記，性愛ＡＳＡＰ不是性愛「盡可能快」，而是「盡可能慢」。在情感上，你要表現出對妻子有興趣，要壓抑自己的欲望，壓抑到情感上只想跟你老婆在一起。這就是大家所說的性愛前戲。

你的妻子需要並渴望前戲的分量，可能是你所需要和渴望的十倍，尤其是初夜。

按摩油是個很不錯的點子。那是放鬆，也是一種有趣的方式，可以認識新婚妻子的身體。撫摸、溫暖和肉體上的親近會讓妻子整個人熱情起來，同時你也可以一飽眼福（你早就在等待這一刻，好好享受吧！）。

仔細選用潤滑液，女人的細胞膜非常敏感，要特別小心她的生殖器周遭。就在你準備好要進去拜訪的這一刻，你不會希望她的生殖器開始刺痛或有灼熱感吧！

如果你之前不曾跟你的情人親密過，光是看著她的胸部或赤裸的臀部就足以讓你性趣高漲。當你開始按摩，光是爬上她裸露的背部，感覺她的臀部頂著你的陰莖，就能讓有些缺乏性愛經驗的情人達到高潮。

所以要慢慢來，小心翼翼，想辦法把注意力放在她身上。

好消息是：如果你年輕且提早「意外」射精，可能不需要多久就可以再次勃起，所以不要太在意早洩。只要拿一條毛巾，清乾淨，然後繼續取悅你的妻子。「快樂先生」會讓你知道他什麼時候會再次微笑！

## 新婚夫妻必讀

就性愛而言，拿婚禮當作婚姻的開端實在是少有的糟糕方式。別誤會我的意思，你們還是需要結婚。不過結婚這個舉動往往太累人了，累到新婚夫妻過了午夜才跌跌撞撞地走進蜜月套房，然後只剩下六個小時，兩人就必須去趕早班飛機。

別把自己搞成這樣，為你們規畫自己的婚禮。那些阿姨、叔叔會設法讓你們覺得沒選個方便他們的日子實在慚愧，不過最應該考量的是你們自己。

挑選一個夠早的時間舉行婚禮，免得忙到半夜，除非你們兩人都是夜貓子，並不在乎。婚禮前一夜盡可能多睡點。好好計畫婚禮當天，不要因為太過忙碌而疲累、飢餓、煩躁易怒。

我知道婚禮當天要你們吃東西挺難的，不過請吃頓健康的早餐和豐富的午餐。新婚夫妻往往很難好好地享受喜宴餐點，除了在熱心的攝影師催促下，將蛋糕抹在新人臉上。

對於第一次，你們會花費時間和心力去思考。

事實上，公平的說法是：比起這一輩子的性愛經驗，你們需要花更多時間思考新婚之夜的性愛是何模樣。這是理所當然，不過請記住，你們現在是夫妻了，有必要想到「我們」，而不是「我」。

這話的意思是：誰最累或最保守，就由他來負責排定性愛事宜。尤其你們的初夜，應該是兩人都珍惜並享受的一夜。這不是要求實現無限青春夢想的時間。你們有完整的人生在前面等待著，所以珍惜這一刻，加上溫柔、接納、讚美、耐性和體貼。

許多心理諮商師（我也是其中之一）建議新婚夫妻在初夜一起洗澡。如果你讓妻子先進浴缸，她會覺得有掩蔽，即使她是裸體。溫暖的水會鬆弛緊張，且緩和穿著太緊的鞋子站一整天導致的肌肉痠痛。點一盞蠟燭會提供美好的氣氛，沒有什麼比乾淨的身體更能刺激你的性趣。最後，那一刻即將來臨，你們在飯店房間裡，激起的情欲、興奮的心情、準備透過性愛圓滿兩人的關係。不幸的是，許多書寫到這裡就停筆了，沒有交代新婚夫妻最想知道的資訊。我要分享的是直接而具體的資訊；你不必照做，不過想要明確指示的人，可參考以下資訊：

經過長時間的前戲，等妻子準備好，就應該邀請丈夫進入她的陰道。年輕的丈夫經驗不夠，不知道何時是時機，所以應該等妻子暗示。此外，告訴男人：「我準備好了，現在進來吧！」這是男人聽過最美妙的事！（遲早妳會找到更有創意的方式表達這件事！）

雖然陰莖和陰道是天作之合，然而讓兩者連結並非那麼簡單，至少第一次不是這樣。溫柔地握住妳老公的陰莖，引導他進入妳的身體。然後休息一會兒；你們應該要暫時停下來。妻子需要讓她的肌肉習慣陰莖塞在陰道內的感覺，而丈夫可以利用短暫的休息避免立即射精。光是享受這一刻，這樁婚姻就已經圓滿了！親吻對方，等你們似乎都準備好了，再慢慢開始移動。

男人啊！一定要極盡溫柔。「進來吧！」並不表示要你以時速一〇〇公里的速度做性愛飆速。想像現在你正把車開進一條死胡同，你必須花點時間，小心翼翼，溫和地開。第一次進入最好分階段完成，一開始只用陰莖頂端，如果很舒服，妻子會示意你慢慢地再深入一些。

男人啊！除非老婆邀請，可別莽莽撞撞一路往裡衝。你的另一半可能會覺得被撐得太大，甚至有點痛，請配合她的引導。如果她是處女，有必要衝破處女膜。對某些女人來說，這根本不會形成外傷，瞬間的刺痛來得快去得也快。有些女人可能會劇痛，甚至流血，果真如此，就必須停下來。是有這個可能性的，你要有心理準備。

此外，如果你們似乎沒有立即「吻合」，也不要驚訝。這需要練習才能找出正確的角度。不要太認真看待這件事，且對任何「偏插」一笑置之。透過反覆嘗試，你會找到最佳的角度。

如果陰莖似乎不合，也許是妻子的陰道肌肉沒有好好撐開。此外，也可能是妻子心中的焦慮使她不自主地繃緊肌肉。試著放輕鬆，享受你一直等待的這一刻。

一旦丈夫進去了，你應該看著妻子，才知道下一步該怎麼做。妻子可能想要就躺在那裡，習慣陰莖在體內的感覺。你不可以馬上變成破城槌，要讓你的妻子引導你。

不要期待你一進入，就會讓另一半性高潮，除非你是以直接刺激陰核的方式插入。用你的手輕輕愛撫她的陰核，或者，在你射精並退出來之後，繼續刺激妻子，直到她達到高潮或者向你表示她累了。

事實上，大部分的女人第一次做愛並不會達到性高潮。你們需要好一陣子才懂得如何幫助妻子達到高潮。這不算「失敗」，你們的目標是享受對方的身體。

有些夫妻甚至不想在初夜做愛，所以，別讓過度期待奪走這特別的第一次所帶來的喜悅。許多夫妻在度完蜜月後，多少會承認，性愛讓他們有點失望。別人告訴他們性愛應該有多棒，然而在他們享受性愛的過程中，並沒有騰雲駕霧的快感。

關於這點，有兩件事要說明。

第一，你們會愈做愈好。

第二，我們的社會以許多方式誇張了性愛。終有一天，要男人在里肌肉和性愛之間做選擇，每一個男人會有一、兩次考慮選擇里肌肉。

在某些方面，你可能會變成糟糕的情人，不過你會領悟到什麼叫做愛上瘋狂，而你想像得到還有什麼比這更好的在職訓練嗎？性愛是一種美好、令人震撼的經驗，不過卻只是你們這份新關係中的一部分。是很重要的一部分，不過仍舊只是一部分。

# 5

# 特殊的連結——性愛體位

把做愛想成一門藝術。重要的不是採取什麼體位，而是如何創造出令人滿足的性愛。

我有兩位朋友明顯偏胖。如果你認為胖的人就放棄了性愛，那是因為你不認識我的朋友。事實上，有一晚，他們決定冒個小風險，嘗試其中一種「新」的性愛體位。他們沒有告訴我是什麼體位，我也沒問，不過一定是有點棘手，因為做到一半時，他們雙雙跌下床。

現在，想像你是個十幾歲的青少年，靜靜地看著書或講電話，忽然間，晚上十一點，你聽見屋內「砰」的一聲，足足兩百公斤的重量向下墜。你會去查看到底出了什麼事，對吧？

很不幸地，我的朋友剛好忘記鎖房門。幾個充滿高度警戒的青少年突然衝進房裡，而父母正呈現人類原始的狀態，設法解開糾纏的身體，並遮掩身體的敏感地帶，免得春光外洩。

假使先鎖上門，我想對已有十幾歲孩子的老夫老妻來說，偶爾做些實驗是很不錯的想法。不過我也留意到，大部分人企圖拿技巧取代性行為中的那份親密。在尋找下一次美妙性愛經驗的過程中，有些人似乎只專注在調整可笑的身體組合或某個新方法，期盼帶來新的快感，然而他們真正需要的是在兩人的關係下工夫。

人類做愛已經有好幾千年，所以你發現的任何新體位絕對不新了。對你來說可能新鮮，不過我敢向你保證，其他人已經試過了。

事實是，大部分的人固定用幾種基本體位做愛。就像大聯盟的投手大都有自己最喜愛的球路，再搭配兩、三種慢速球、曲球或快速變化球，組合成自己的投球招式，所以，大部分的伴侶都會固定採取幾種自在舒適的做愛體位。這一部分是考慮到兩人的體型和個人偏好，找出什麼體位對兩人來說，效果最好。另一部分是：有時候，伴侶可能會要求對方一百萬年都不會考慮的招式。「你要我放在什麼地方？門兒都沒有。」

事實上，在我撰寫本書的過程中，曾對我老婆提到你們即將讀到的其中一種體位。珊蒂戴著一副老花眼鏡看書，她只是將視線上移，挑眉看著我，彷彿在說：你想都別想。

## 五大性姿勢，挑戰性愛極限

永遠記得：再怎麼好的體位都取代不了健康的關係。我會在本書中不斷強調這個真理：

性愛講究的是兩人整體情愛生活的品質，而不是複雜的身體組合。

## 創造搖滾樂式的搖擺姿勢——男人在上

這是典型的「傳教士」體位。女人仰躺，男人趴在女人身上。

我先提到這個體位，因為這是大多數男女最常使用的。因為伴侶面對面，男人可以隨心所欲地進入，而且採取這種姿勢，你們不需要擁有體操選手的柔軟度。男人只要依據自己的體型，用雙肘撐住身體，與另一半保持適當距離。這實在是愛愛的好方法！

可惜的是，這個體位雖然提供極好的面對面接觸，卻沒辦法刺激到女性最敏感的部位——陰核，除非你們做些調整。不過，許多調整都需要身體較柔軟的女人與你配合。

試著放一或兩個枕頭在她的腰部下方，讓骨盆翹起朝上，當你進入時，骨盆才能碰觸到你的身體。這個體位的另一個做法是（不過這需要特定的柔軟度）：將女性的雙腳放在男性的雙肩上，或者女人用小腿纏住男人的脖子。因為每個人的身體不一樣，必須微調，直至觸碰到正確的點位。不過假使你觸碰到正確的點位，相信我，你的另一半會知道，而且她會要你別停！

男人也可以幫忙，不要讓這個體位只是「進進出出」，應該把這當作「搖滾樂」。如果女方翹起骨盆，男方表演向下撫摩，創造出更強的搖擺效應，那麼陰核可能會受到更多刺激。

如果你能發揮這個體位的效用，這會是個「免動手」就讓另一半達到高潮的絕佳途徑。

### 各式變形

女人可以屈膝，讓男人更深入。

妳可以將小腿放在男人肩上。

妳可以將小腿纏繞住男人的身軀，將他拉得更近些。

男人也可以實驗雙腿的擺放位置，看看有什麼不同的感覺。有時候，你可以將一條腿擺在另一半的一腿外側，另一條腿擺在她的雙腿內側；或者，雙腿都擺在另一半雙腿的外側。每一種變形都會創造不同的感覺，請隨意實驗。

你也可以不趴在女人身上，而是跪在她的雙腿之間，讓她躺著，大腿垂掛在你的小腿上，你要保持背部挺直（兩人的身體呈垂直狀態）。可以試著找出刺激她陰核的正確角度。

男人在上時，妳可以抓住他的臀骨（或者如果妳喜歡，也可以抓住屁股），並來回搖動他的臀部。一般來說，男人頗喜歡女人採取主動，獲得她想要的，而且男方被往前拉、體會更深的感覺，是非常美好的。對女人來說，妳溫和地控制速度、方向、時間以及對方進入的深度。在這樣的互動下，你們會是雙贏！

## 男人最愛的姿勢——女人在上

我愛這款！我想大部分的男人也喜歡。

讓女人在上面真棒，至少對男人來說是這樣，因為可以飽覽眼前的美景。男人在做愛過程中，視覺是非常重要的一環，這種體位讓眼睛的功能發揮到極致。對女人來說，這招的好處在於可以從上方控制許多事情。由女人決定速度與插入的角度，還有深度。此外，這個體位也鼓勵女人更具有侵略性。

採取這個體位，女方是如此「無所遁形」，所以要對自己的身體頗有自信，否則她會覺得自己像展示品。不過這招對男人可是一大饗宴，可以一飽眼福。附帶的好處是：男人的雙手完全空出來，多了許多愉悅的選擇。如果男方有背痛或膝蓋痛的毛病（許多男人如此），這對他來說，是最不費力且最舒服的做愛方式。

另一個好處是：女人會熱情參與，而男人最喜歡的莫過於此。看見另一半享受性愛且投入其中，是男人最扣人心弦的經驗之一。

採取這個體位，若要好好發揮陰核的作用，就朝角度去想吧！女人可以向後傾，或許利用男人的膝蓋做支撐（男人屈膝）；不然就往前傾。嘗試這些角度，終究會找到最準確的位置，最後她會忍不住高喊：「喔……」然後你也跟著射精了。

採取這個體位，女人也可以空出雙手。如果女人往後傾，可以一手放在後方，溫柔愛撫另一半的睪丸或會陰（這部位介於男人的睪丸與肛門間，是非常敏感的一片肌膚）。

## 各式變形

女人可以背對男人，看著他的雙腳。女人們！相信我，即使這會讓妳覺得自己很顯眼，不過有些男人真的喜歡這畫面。

女人可以前傾，而不是坐直，這樣有許多好處，不會讓女人覺得自己是「展示品」。

男人屈起雙膝，讓你的另一半靠在你的膝蓋上。

如果女人向前趴著，可以將另一半的小腿或雙腳當作「推離」點，如此，在女人往前推送的過程中，才能取得平衡。

## 適合親吻、妻子懷孕的肩並肩體位

經歷三十五年的婚姻生活和積極做愛，我想夫妻之間最親密的行為，莫過於親吻。兩人可以好長一段時間共同參與這個最具感官的行為。事實上，我認識一對年輕夫妻，他們在婚前某個悠閒的週六下午，在一艘船上接吻七小時。他們並沒有愛撫或更進一步，只是享受相當於工作一整天的接吻時光！

大多數的伴侶從來沒有這種體驗，因為吻個一、兩分鐘後，男人就欲火中燒，忙著將凸出物甲插入凹槽乙。肩並肩體位可以將彼此帶回這個親密的美妙體驗，因為沒有什麼比甜蜜、熱情的親吻更美好。

當然，肩並肩有兩種方式。鼓勵親吻的方式是兩人面對面；另一種體位是男人由另一半的背後進入。這通常稱為「側進式」（spooning）。

通常側進式的做愛方式最溫和，常成為醫師指定懷孕、生病或疲累至極的人所採用的性愛方式。不過對陰莖不長的男性而言，這並不是最佳體位。

### 各式變形

男人先側躺，抬起上方那側的腿並屈膝，側躺的另一半可將上側的腿垂掛在他身上，同時將下側的腿插進他的雙腿間。這樣的體位會讓陰莖處在與陰道對應的位置上！

有一種「剪刀式」變形，不算是真正的肩並肩，不過很類似：男人側躺，而女人躺著。女人舉起靠近男方的那一腿，懸在半空中，男人則將上方的腿放在女人的雙腿間，下方的腿放在她的臀部下面。雖然這不是積極抽插的最佳體位，不過能讓男人騰出一手刺激陰核，或用陰莖摩擦她的陰核。此外，男人也可以將陰莖滑入女人的陰道內。懷孕期間，老婆的肚子既大且凸，這會是一種相當愉快的變形。

## 適合慢慢熱身的中途體位——坐姿

女人坐在男人身上自有美妙之處：在椅子上、床上、書桌上或者某個僻靜的隱匿處，例如：戶外的岩石上。

坐姿體位通常是「中途」體位，不是愛愛的最後體位。也就是說，伴侶時常用這樣的體位做愛，在雙方達到高潮前，轉換成可以更積極進出的體位。

這個體位的好處之一在於：可以做些許調情。例如，男人可以用龜頭按摩女人的陰核，或者女人可以挑逗地握住男人的陰莖，彷彿要將陰莖放入陰道中，然後拔出一半再放進去。用這個方式愛愛，另一個美妙處在於：可以完全碰觸到對方，而且兩人的雙手都空了出來。因為你們面對面，所以這是一種情感非常親密的體位。你們可以用雙手愛撫對方的臉，揉搓另一半的頸，溫柔地撫摩對方的背。

這個體位能夠帶領我們回歸接吻的重要性；如果你們面對面坐著，等於擺好陣式，準備大玩各式各樣快活的遊戲。

這個體位的性愛表現方式往往比較緩慢，較不適合就是想「做愛」的夜晚，反倒比較適合

「讓我們慢慢熱身、從容不迫」的夜晚。

## 各式變形

妳也可以不坐在男人身上，而是兩人對面而坐，身後放著枕頭來穩固兩人。兩人都向後靠（有點像靠在游泳池邊），朝對方移動，直到兩人結合在一起。不要將這個體位複雜化；只要讓你們的腳擺在最舒適的地方即可。

妳可以背對另一半，坐在他身上，然後由妳決定抽插的速度和深度。

這是「性愛中途」可以採用的好體位。在開闊的戶外愛愛可能會導致某些問題（像是讓人毛骨悚然的爬蟲類，或會刺到背部的岩石和樹枝），坐姿會讓男人承受這些不舒服的衝擊，而女人卻有一張柔軟的座位。此外，你們只要褪下褲子就能愛愛，不必裸體（不過希望你們找到一個不會被人發現的地點）。

## 讓女人不舒服的體位——男人跪在女人後面

我在諮詢室中經常討論這個體位，因為這是男人幾乎都想嘗試的體位，不過，這個體位有時候會讓女人覺得不舒服。從心理學家的觀點來看，男人非常喜歡這體位的理由是：男人在心理上多少覺得，從女人的後方插入非常刺激。這可能是男人偶爾發作的獸性衝動之一，讓我們誠實以對：在性愛背後，有時候的確有「獸性」衝動。

男人啊！有些女人覺得這一招不舒服的理由是：可能怕你直接看著她們的臀部，熱情會瞬間冷卻。此外，女性通常覺得這個體位沒那麼讓人興奮，因為她完全看不到你。你看到的畫面是一覽無遺，百無禁忌（而且我們十分沉迷於女人的胸部，對女人背部的感官知覺關注太少），可是你的另一半卻看著臥室牆壁。對女人來說，性愛是情感的體驗，所以就情感上而言，這可能是所有體位中，滿足感最少的一種。

既然你們更加了解對方了，也許在需要「迅速辦事」或女人想特別優待伴侶時，這個體位可以派上用場。有時候，男人早晨醒來後性欲高漲，可是你們再過十或十五分鐘就必須起床。深情的女人可能會說：「親愛的，我沒有時間慢慢做，雖然我最愛那樣，不過我會告訴你該怎麼做。你有十分鐘可以玩，說說你要哪一種體位吧！」

「我把自己當作游擊手。」

「不是那種體位啦！笨蛋！」

「可是我的右手臂強而有力……」

「喔，是啊！我們來看看你還有哪些招式可以派上用場……」

以此例而言，女人可能願意遷就某個她平常不會選擇的體位，因為事實是：她跟你愛愛就是為了取悅你。

如果諸位人妻讀者頗訝異有人竟然會想到為另一半這麼做，我希望妳們明白，其實妳可以好好愛妳的男人，讓他懷著性滿足的心情去上班，而不是在設法抵抗情欲的情況下出門。妳也可以拒絕他，並在接下來的十小時內忘掉性愛。不過請記住：被妳拒絕的伴侶絕不會因為妳這麼做，就把性愛忘得一乾二淨。

## 讓做愛成為一種藝術

有些書會介紹更狂野、更奇特的體位，不過我猜擁有體操選手的身材或柔軟度的女人實在不多。我們提到的體位說明了九〇%以上伴侶愛愛的方式。

談到體位，就像在談論科學：調整這個身體部位，對準那個身體部位。坦白說，我比較喜歡把愛愛想成一門藝術。

> 重要的不是體位本身，而是以那樣的體位做了什麼，可以創造出滿足的性愛。

### 愉快的調情

想讓對方熱起來，就要愉快地調情，不妨在兩人採用其中一種體位時，嘗試有創意地運用身體各部位。舉例來說，用腳趾頭代替手，或者讓舌頭遊走伴侶身體各部位。你可以想像，從那裡開始，你們有可能進展神速。

## 不同心情變換不同體位

讓心情或某種特別的欲望來決定體位。舉例來說，如果你累了，或者有人心情不好，那麼此人應該在下，由在上的人負責大部分的動作。這很公平。

如果女人在意男人的大尺寸，甚至偶爾會被他粗大的陰莖所傷，那麼通常女人在上，是最佳體位。如此一來，你才能控制插入的深度與速度（在這種情況下，你們可以嘗試「側進式」，許多孕婦失去機動性，卻還是想遷就另一半時，就會採取這種體位）。對這類伴侶來說，最糟糕的體位是男人從後方進入。如果男人興奮到渾然忘我，他可能沒看見妳受傷了。如果妳的大尺寸老公特別喜愛這個體位，妳需要直接表明妳的擔憂，並提醒他溫柔一點。

營造愛愛的心情與氣氛的過程中，你會很快了解特定體位往往會更突顯特定情緒。如果你想要放鬆，不妨嘗試一切都能完全配合的體位，包括你的臉和她的臉、你的手和她的手、你的腿和她的腿。放慢速度，享受一起布陣的力量。

如果你們處在欲望頂峰，只想「愛」對方，那麼男人從後方進入可能極具震撼性。如果你們想把兩人的情緒激發到某種狀態，不妨試試坐姿（甚至可以嘗試站立體位！）如果女人想玩，她可以享受爬到男方上面操控一切的感覺。

## 氣氛決定一切

最重要的是，在你們的「伴侶關係」中，自由自在做你們想做的事。這一切要回歸先前談到的，男人要會解讀女人的「風向」。對大多數男人來說，我們並不在意另一半何時、何地想做愛，或想怎麼愛愛；如果她願意，我們就賺到了（面談過一名男子曾對我說：「對男人來說，即使糟糕的性愛也是好性愛！」）但是對許多女人而言，性愛體驗的整體「氣氛」必須布置得恰到好處，端視她的心情而定。一、二或三種體位可能會讓你的伴侶覺得反感，立刻扼殺所有的欲望。

## 性反應比性姿勢更重要

此外，女人請記住，遷就任何特定體位只是做愛藝術的一部分。妳對某種體位的反應，其實比採取什麼體位更重要。在一百次愛愛中，如果傳教士體位讓妳狂喊呻吟，而運動員式的體位卻讓妳覺得「快點，趕快做完！」甚至比這更糟：「等你做完，拉下我的睡袍。」兩者相較，妳老公可能寧願一百次愛愛都用傳教士體位。

我喜歡鼓勵女人在愛愛時當「啦啦隊隊長」。我並不是說要實現青春期的幻想，穿上整套啦啦隊服，把砰砰響的東西都帶到床上（不過，既然妳已經提到，那……又何妨）。我要說的是如何在愛愛過程中，鼓勵妳的男人。

當女人表現得很投入，這樣的說話或行為模式，最能驅動男人的性欲。

當女人的指甲掐入另一半的背部、要求他再多給一些，或者妳可以說：「我要你再深一點。」不然用舌頭探索他的耳朵，或者像小狗一樣氣喘吁吁，不管妳怎麼做，就是要讓男人知道妳樂在其中，試試看吧！

如果妳的另一半知道妳逐漸熱了起來，大部分情況下，他會希望幫妳完成這件事。忘掉一切吧！他會使出渾身解數，讓妳達到高潮。他會再更深入一些；他會集結最後保留的力氣，他想要聽到高潮貫穿妳的全身！

# 6 性高潮，讓女人高喊“O”！

大部分的男人年過三十，高潮過後至少要無力個半小時。但是女人卻可以像「勁量兔」一樣：一直、一直、一直持續下去……

當我告訴女性朋友，有很大比例的男性會妒嫉女人達到高潮，她們都頗為訝異。雖然女人一開始往往比男人難達到高潮（尤其是第一次），不過一旦達到了——嗯，從男人的觀點來看，簡直就像世界爆炸了。

細想《當哈利碰上莎莉》（*When Harry Met Sally*）中著名的場景，梅格．萊恩（Meg Ryan）在紐約的快餐店假裝性高潮，逗得在場每一個人開懷大笑。如果你走過某個房間，聽到裡面傳來的聲音，你可能很想去報警吧！

別誤會我的意思：男人喜愛高潮，那劇烈的幾秒鐘非常值得努力去達到。可是當我們看著自己的另一半慢慢地攀升，然後宛如騎在一波接一波的喜悅上。甚至，她們終於達到高潮卻還可以繼續！大部分的男人射精後就下垂，至少年過三十是這樣，往往要無力個半小時（或一、兩天）。但是女人卻可以像「勁量兔」（Energizer Bunny）一樣：一直、一直、一直持續下去……

生理上，在任何特定的性愛中，唯一限制女人潛在高潮次數的是女人自己。有些女人就是覺得一次就夠了。有些女人體能不足，沒有耐力追求那麼強烈的東西。不過女人的身體能以男人做不到的方式持續下去。

女人的多重高潮呈現多樣化。有些女人似乎騎在高潮的波浪上，高潮一波一波接踵而來，這現象通稱「延伸型性高潮」（extended sexual orgasms）。有些女人則在高潮後進入休眠期，直到她準備好再度體驗性高潮。

此外，女性也比男性更能控制高潮。雖然男性在達到一個特定點之前能控制射精，但是在生理上，男人最終還是會跨越一條他無法控制高潮是否發生的界線（因此，男人需要學習，在達到「不歸路頂點」之前，是什麼感覺）。一旦男人達到特定點，高潮就會發生。

另一方面，女性可以在任何點上煞車。她可以駕著狂喜的波浪，在即將掉入高潮大海中的前幾秒，一聽到嬰兒哭聲或鄰居的聲音，就遠離高潮，那距離就像澳洲到北極那麼遠。

## 好一陣子沒做愛？男人容易性起，女人需要更多前戲

男女性高潮另一個不同點在於，距離前一次性愛愈久，性反應落差愈大。如果老公出差離家兩週，女人的身體會進入慢速燃燒的冬眠期。如果好一陣子沒愛愛，需要更多時間，才會整個人熱起來。

而男人剛好相反。如果他兩週沒做愛，他就像扣著微力扳機，老婆甚至還沒有碰到他，他

的身體就以每小時一百英里的速度復甦。可能光是想到回家就足以勃起，但這時就需要等待並以緩慢的速度帶動、「重新喚醒」女人。如果男人很長一段時間沒有達到高潮，他會更難控制射精。他可能不需要任何前戲，然而女人卻需要更長的前戲。

潛在的衝突不言而喻！

## 到達「那裡」，高潮迭起

我的觀點可能有點偏頗，因為來找我的人多半是嚴重到要委託他人，來談論他們的問題。不過，我卻發現婚姻中最普遍的性愛問題之一是：女人很難達到性高潮。最典型的案例：潔西卡坦承，即使婚後十年，她還是很難達到高潮。

「我有過某些不成熟的性高潮經驗，」她說：「不過就只是這樣。」

我試圖讓這對夫妻明白：讓女性達到充滿活力的高潮對伴侶雙方有多重要。

「潔西卡，」我說：「妳需要了解的第一件事情是：上帝設計了妳，祂讓妳有能力達到足以讓戴倫跌破眼鏡的高潮。妳會像猛虎出閘一樣，而且妳需要朝這個目標努力。」

有些女人期待高潮憑空而降，卻沒有做好分內的事。對大部分的女人來說，高潮並不會憑空而降。男人剛好相反。

我想，大概沒有男人終其一生從未達到一次高潮的。即使是單身或處男，也有夢遺的經驗。此外，分辨男人是否達到性高潮並不困難。身體的徵兆相當明顯，射精便是主要的一種。

> 大部分婚姻中，男人達到高潮通常不是問題所在，延遲射精時間直到伴侶滿足才是關鍵。

另一方面，許多女人從未體驗過性高潮，有些女人不確定是否有過高潮。高潮的強度與品質因人而異，而且有許多次很難分辨是否達到高潮。

女人要知道是否達到高潮，最佳方式是：性愛後覺得挫敗而抑鬱，還是放鬆而滿足。高潮會帶出一個解放點，這時累增的張力會爆發，然後消散。一位作家稱之為「骨盆打噴嚏」（pelvic sneeze）。我認為這樣的描述很傳神，因為我們都曾有過打大噴嚏的經驗，你會漸漸將身體縮成一團，直到終於把噴嚏打出來，才如釋重負。性高潮就像這樣。透過愛撫逐漸將歡愉構築起來，同時產生一股敏感且需要被滿足的張力。

如果妳難以達到高潮，以下有幾個建議：

## 目標是讓兩人更親密而不是純粹為了高潮！

容我直言：如果妳以為愛愛的目標是擁有高潮，那就錯了！在性愛中，有許多不同程度的歡愉。對某些人而言，抓抓背就很快樂了；用乳液按摩腳底，也就滿足了。如果把目標訂得太狹隘——一定要達到高潮，或甚至更狹隘，必須與伴侶同步高潮——這樣只會讓事情更惡化。

性愛的目標是與你的伴侶兩人更加親密，那是對妳許諾一生的人做出愛的回應。對有小孩或想要小孩的人來說，這是建立家庭的一種方式。

就許多層面而言，性愛是那麼深奧、有意義而玄妙，如果我們把它簡化成「嗯，妳有沒有達到高潮？」等於貶低了性愛。這是「花花公子」裡的語言，不該出現在伴侶的臥房內。

即使女人學會達到性高潮，還是不可能每一次愛愛都高潮，只有極少數女性可以。如果妳是其中一份子，那妳非常幸運，不過妳還是屬於少數族群。有時候，女人只是為了取悅另一半；有時候，男人也可能在沒達到高潮的情況下取悅伴侶。伴侶間的性愛總會出現各種情況，有可能達不到高潮，也可能因為諸多理由，錯過了達到高潮的時機。

## 達到高潮是需要學習的技能

我發現，談到這個問題，許多女性很懶散，以為讓她們達到高潮是另一半的責任；或者她們認為，某個夜晚，高潮會在被子下方神祕地出現。抱歉，親愛的，除非妳非常幸運，否則這種事不會發生。極少比例的女性不必花太多力氣就能達到高潮，但是對大部分女性來說，要有點經驗才能經常達到高潮。對其他少數的女性而言，要付出許多努力和發掘，才能達到高潮。

這樣想好了：如果妳要織毛線，妳能夠第一次拿起棒針就創作出複雜精細的設計嗎？當然沒辦法！第一次打高爾夫球，揮桿就能夠超過兩百碼以上嗎？我賭妳做不到！

那為什麼性愛應該不一樣？

性愛需要時間、經驗、知識和練習，才能勝出，成為好情人。

第一，如果妳很難達到性高潮，可別按照女性雜誌的建議做：不要想像另一個情人或前任情人；不要利用色情影片、X級影片或任何會貶低你們的關係，降低妳對伴侶親密感的東西。

妳該做的是：清楚地了解自己，好讓妳可以幫助另一半了解怎麼讓妳熱起來。即使妳的伴侶有過婚前性經驗，妳的身體對他來說還是獨一無二的，需要獨一無二的方法。幫助妳的另一半找到這個途徑吧！

換句話說，妳已知道有些事等妳探索，妳必須懂得什麼會讓妳有反應。

## 試著了解自己的性反應

洗一個長時間的熱水澡，準備幾根蠟燭，縱

女性達到高潮比例分布圖

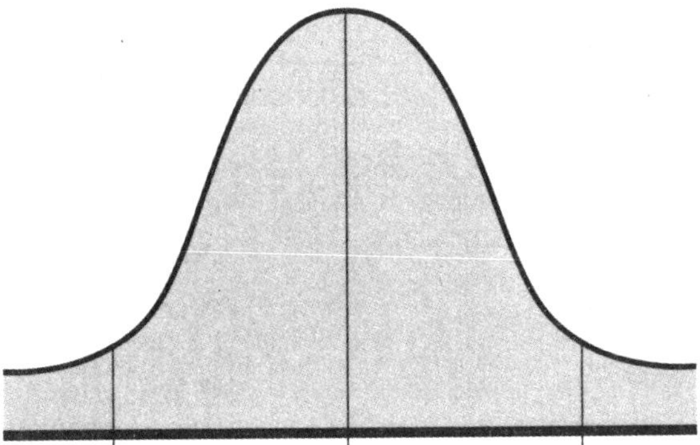

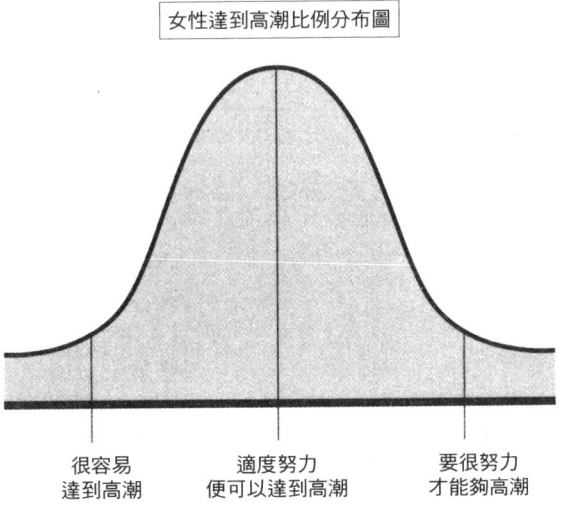

容一下自己，然後……沒錯！開始觸摸妳自己。找出什麼樣的感覺很不錯。別把達到高潮當成目標，但是要注意什麼方式會喚醒妳的歡愉和渴望。不要害怕探索妳的生殖器，找出陰核喜歡被觸摸的方式。有些女人需要用非常間接的方式觸摸，愛撫陰唇或是從上方逐步靠近陰核而不是直接觸摸陰核；有些女人在性欲高漲到一定層次後，會偏愛直接觸摸（參見第八章）。

妳可能必須練習幾次，才會開始掌握身體達到性快感的途徑。慢慢來，給自己充分的時間。這不是比賽，沒有人拿著時間表催妳。

有些讀者現在可能已經臉紅了，心想：李曼博士，你是要我自慰嗎？

有時候，我頗憎恨「自慰」這個詞，因為其中隱含的意義已經與這個詞聯結在一起。當男人或女人靠自我刺激達到高潮，目的在避免與伴侶親密，或是為了融入色情影片等類似的東西，在我看來，這樣的行為既自私又具破壞性。

不過，如果老婆正在學習如何在性愛上回應老公，好讓兩人得以享受更深入、更豐富的性愛經驗，那麼她是朝著更偉大（而不是更渺小）的親密行為而努力，這就像老公試著學習控制射精，或他長期出差，偶爾利用自我刺激來強化婚姻，而不是弱化婚姻。

有時候，自慰是不對的，會上癮，必須避免。有時候，妳是為了將自己訓練成更好的情人，那麼熟悉自己的身體就是無私的行為。妳其實知道，自己的所作所為是否自私，是否會讓妳遠離妳的伴侶，妳也知道自己是否準備好，以便拉近兩人的距離。

許多媽媽們把陰道稱為「下面那地方」，彷彿她們沒有陰道似的，或者好像她們有個不便談論的巨洞。如果妳帶著這樣的包袱走入婚姻，那麼妳對性愛的撫觸當然會覺得不舒服。不過這樣想好了：如果妳擔心腳踝可能扭傷了，那麼觸碰自己的腳踝不算有罪；享受梳頭的快樂感並沒有錯。如果妳可以觸摸自己的其他部位，為什麼不能觸摸最敏感的部位呢？

女人準備生孩子時，通常會練習呼吸，以便臨盆時面對那樣的挑戰。為什麼性愛就該有差別待遇？在學習達到高潮的過程中，妳等於在學習如何為性愛做準備。

所以，讓妳的手指漫步，通過黃色地帶！告訴自己，這麼做既有益又正確。造物主把妳設計成能夠給予也能接受性愛歡愉；妳想成為一個好情人，而最好的方式就是懂得真正享受性愛，懂得如何達到高潮。這是一份美好的禮物，妳能夠獻給男人的最佳禮物，不管妳必須花多久時間，請好好實踐吧！

另一種選擇是：要求伴侶花一段時間以「不做愛」的觸摸與妳一同實驗。可以讓他的手指頭四處漫遊，你們倆可以試出取悅妳的方式。

## 男女都要練習凱格爾運動

就加強性愛而言，知名的「凱格爾運動」（Kegel，以阿諾．凱格爾Arnold Kegel醫師命名）對男人和女人都有助益。這類運動的設計是在幫助女性更容易達到高潮，並幫助男性延緩高潮。

凱格爾運動是指練習收縮恥骨尾骨肌（簡稱恥骨肌），就是控制尿流的那組肌肉。妳要做的第一件事是找到恥骨肌的位置。要做到這點，最容易的方式是輕輕將一根手指頭放入陰道內，並試著「擠壓」那根手指。妳所收縮的那些肌肉就是恥骨肌（如果妳不喜歡用這樣的方式找出恥骨肌，不妨試試：坐在馬桶上，試著尿到一半停下來）。

有幾個理由可以說明「發育良好」的恥骨肌頗有助益。這樣不僅可以減少尿失禁，還可以替妳的性生活增加許多優勢。對女性來說，這些肌肉可以用來包緊陰莖，讓伴侶感覺更緊實。這類收縮有點像替陰莖按摩，為妳的男人提供美好而難得的樂事。此外，恥骨肌還會協助妳更容易達到性高潮。

一旦找到恥骨肌的位置，請開始收縮恥骨肌並維持幾秒鐘，一開始做十次，然後逐步遞增。等妳更習慣練習這類收縮運動，搭車、講電話或任何時間，都可以私下練習。把這個練習變成例行公事，這樣妳才會記得練習，就像收看晨間電視節目。

## 性高潮也是自己的責任

太多女性不接受要為自己的性高潮負起責任。女人有必要做個積極的參與者，而不是只接受另一半求愛。如果妳想令一個男人沮喪，就什麼都別跟他說，讓他不斷將標槍投向黑暗中，希望他好運。

盡可能跟妳的另一半多談談，要語帶鼓勵，不要用聽起來有責備或非難意味的方式。告訴他什麼樣的感覺很不錯。如果妳認為他快做到，但還是錯過了，不妨溫柔地執起他的手說：「就是那裡……寶貝！你現在碰到了……」

誰知道有多少偉大的交響樂是由伴侶的食指創作出來的？不過有個挑戰是：每一個女人都不一樣，所以要協助他找到妳最喜愛的點。

## 請記住，性愛的重點在關係，技巧反倒不那麼重要

如果妳很難以性感的方式回應，問題可能不在於另一半是否觸摸到正確位置，或者是否具備做愛技巧。可能是妳有些尚未解決的問題待處理，可能是過去的性虐待，也可能是四十八小時前，你們的談話傷害了妳，使妳無法敞開心扉，好好享樂。

不要以為一定是跟伴侶的談話才會造成這樣的影響。可能妳在生婆婆的氣；可能是某人批評妳養育孩子的技巧，或真的有其他事情令妳覺得不悅。妳是一個健全、完整、複雜的人，性愛有時候會呈現我們的內在本質，創傷會透過我們在性愛方面的反應，清楚地顯現出來。

也可能是臥房的環境對妳而言不夠安全；妳擔心孩子進來或聽到妳的回應聲，也許只是聽到沖馬桶的聲音就會讓妳停下來，情緒冷卻。

假使情況如此，不妨考慮出去輕鬆一下。要捨得花錢住飯店，在那裡，妳不必擔心有人會聽到或看到你們在做什麼，而且沒有人會打開房門走進來。

換言之，全面檢視妳的關係。妳的婚姻囊括許多層面，不只是妳會不會達到性高潮。這點指出了男女之間的主要差異。許多男人將性愛視為偉大的板擦。對他們來說，如果車子壞了，他們需要的就是愛愛，然後就會感覺比較好（即使車子還是動不了）。難道要跟另一半吵架嗎？做個愛，就沒事了（即使你們從來沒有談論那些問題）。

男人的想法是：「因為我們做過愛，一定沒事了。」

女人不會那樣處理事情。對女人來說，問題的存在會抹煞性愛；性愛也不會消除問題。假使她很氣另一半，她可能就性趣缺缺：「你說問題解決了是什麼意思？我們連談都沒談過

呢！」如果她擔心三天內沒有足夠的錢還貸款，可能會性欲盡失。

如果妳很難達到性高潮，請察看整體人際關係，然後檢視妳的人生。是否有其他問題一直讓妳分心？

## 男人啊！要幫女人加溫

給男人的話：通常，緩慢、自在和輕柔是性愛關鍵（當然，有時候，你的女人對輕柔沒興趣，突然變成了野蠻人，想要你匯集所有的氣力）。不過，一般說來，你要替她創造一個輕鬆的環境，不要把注意力太過集中在性高潮上。「寶貝，是那個嗎？妳是不是剛才有過？」嘿！如果你必須開口問才能確定，那她肯定沒有高潮！幫助她，但是別給她壓力。

此外，如果她知道你正在享受這個過程，也有助益。如果她認為你很無聊或沒耐心，坦白說，你還真殘酷。我見過男人花好幾個小時設法讓車子引擎像小貓一樣嗚嗚叫，但卻埋怨自己的另一半需要三、四十分鐘前戲才能熱起來。你應該要抱著不計代價的態度才對。

此外，幫助另一半享受性愛也對你有利。我之前說過這點，但我要再說一遍：對我來說，性愛最好的部分是我知道我正帶給老婆快樂。有時候，我認為我甚至比我老婆更享受她的高潮！花時間和精力幫助她達到高潮，相當值得。

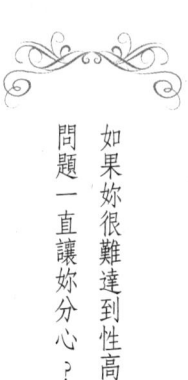

你有必要熟悉伴侶的情愛語言，知道什麼因素會幫助她在性愛方面有所回應。如果肯定的字眼能讓她動起來，就說些甜蜜又能激起性欲的話：「寶貝，妳真是驚人的性感。妳好濕喔！我簡直不敢相信妳的身體這麼棒！」有些女性可能不喜歡這類講法，不過大多數女性都吃這一套。你必須了解她，這也表示你要更常和她溝通。

## 男人如何延緩高潮？

我們剛結婚時，有一次，珊蒂令我前所未有的興奮。她看起來美得讓人難以置信，那時我心想：我何德何能，得到這樣美麗的女人？事實上她當時很興奮，很想要我，那使我性欲高漲。我準備徹夜獻給她我的愛。我計畫我們埋頭致力於令人快樂的戲碼，駕著狂喜的高潮，直到黎明才不得不停下來。

就這樣我展開一生中最熱情的三十秒。

好吧！或許是一百二十秒，不過午夜前兩、三個小時，我還是停下來了，令我非常氣餒。

每一個男人難免都會碰到這樣的情況。在想要射精之前射出（早洩和陽萎）是男人相當普遍的問題。

對女性來說，了解這個問題很重要。如果你不了解男性和女性的生理反應及高潮，可能會招來許多指責。因為女人能夠控制自己的高潮，她們也能在做愛過程中停在任何一個時間點上，所以有時候會認定男人也是這樣。當一個女人告訴另一半等一下，而他也試了，可是無法射精的焦慮會產生完全相反的反應。有時候女人的片面主觀想法會以為他是故意而自私的。

在某些案例中，我認為有些男人很自私，不過最常見的情況是：早洩與缺乏控制射精能力的關係較密切，倒不見得是因為自私。一旦男人達到「不歸路頂點」，高潮在幾秒鐘內就會馬上出現，而且無法控制。

每一個男人都碰過這個問題，尤其是好一陣子沒有做愛的男人，可能更難控制射精的時機。不過若持續無力控制高潮（意指你無法選擇何時達到高潮，而且往往是還不想達到高潮就射精了）就會是個問題，就大部分案例而言，這種情況是能夠治癒的。

何謂「過早性高潮」呢？

馬斯特斯與詹森（Masters and Johnson）研究團隊發現，男性平均在激烈抽插兩分鐘以後就會射精。大多數男性可以靠改變速度和抽插的深度延遲射精，但是如果你全力以赴，那麼大約在兩分鐘內終會結束，那不是早洩，是平均值。問題是：很少女人在一百二十秒的抽插後會得到足夠的刺激！（這也是幫助女性在前戲時高潮的另一個好論點：絕大多數女性是透過刺激陰核達到高潮，而非抽插）。

「過早性高潮」的最佳指標是：你能否選擇何時想達到高潮？還是你往往在想達到高潮前便結束了？假使你習慣在進入另一半體內幾秒鐘便達到高潮，你就有早洩的傾向。

女性朋友們！請體貼男性。我知道妳無法想像，他第一次進入妳體內，就立即尖叫、吶喊，崩潰般的達到高潮，但是對男性來說，一進入就射精倒是很普遍。

男人必須對女人似乎永遠達不到高潮付出耐心，女人也需要忍耐男人太早解放。

治療學家發展出三種加強控制射精的方法（沒有一種方法是愉快的）。

很不幸地，有些男人抱持這樣的態度，認為：是啊！我射了。妳讓我覺得好好玩，我停不下來！這有什麼大不了？

如果偶爾發生一次，的確沒什麼大不了，若時常發生，就非同小可了。

抱持這般懶散態度的男人，就像自私的女人什麼也不做就希望自己更容易達到高潮。不要把婚姻和老婆的承諾當作懶惰情人的藉口，而要轉化為床笫專家的動力。

想成為下述療法的先驅，不妨開始用凱格爾運動練習恥骨肌。若要找到恥骨肌，看看排尿過程中想停下來時，必須緊縮哪個部位。那就是你要努力控制的肌肉，這麼做會讓你更能夠控制射精。

一天兩到三回，每回收縮恥骨肌十到二十次。別用到腹肌，做這個運動最常犯這個錯誤，一定要確定收縮的是骨盆肌。每收縮幾次，就持續綳緊約三秒。

這些運動很簡單，搭車時、看電視或在書桌前都可以做，而且沒有人會注意。需要的時間也很少，一天不到五分鐘。要記得，你可能需要持續兩週甚至更長，才會有極大的改變。

## 練習「停止—開始法」

治療早洩的第一個方法稱為停止—開始法。我提供給讀者的版本非常精簡；如果這個精簡版對你不適用，你可以參考奇勃傑爾德醫師的《男性性欲新傳》。

準備採用停止—開始法的男人，要先知道自己將經歷幾個階段。一開始，會由自己先做幾項練習，然後逐漸發展到與另一半實際愛愛。目標是達到刺激十五分鐘而不會射精。

男人必須先刺激自己，直到燃起性欲，把重點放在逐漸熟知自己的身體機能。在這段期間，不要運用色情影片或不當的幻想，在腦海中塞滿這類汙染物只會傷害你的婚姻。你的目標是成為更好的情人。

每一個男人都有「不歸路頂點」，這時，陰莖周圍的肌肉會開始推動，確定要射精。你想刺激自己，不過請在快到達「不歸路頂點」時停下來。一旦你覺得非常接近，就要停止所有刺激並等待感覺消退。然後再重來一次。

年輕男性需要暫停的時間比年長男性久一點，再次提醒，你的目標是受到十五分鐘的刺激而不射精。如果你無法及時停下來，就從中吸取經驗，一、兩天以後再試。

這些練習可以一週做三次。一旦你能夠操控到某種程度，亦即等你能禁得起幾近持續（而不是強度時有變化）的刺激至少十五分鐘，就可以開始運用「停止—開始法」做愛。屆時，你會需要另一半的理解與合作。

一旦你燃起了性欲，而另一半也準備好了，就緩緩進入她的體內，不過要她靜靜躺著。請等待，直到你覺得在陰道內相當舒適且沒感覺要達到高潮。然後慢慢開始抽插，如果你覺得要射精，便停止動作。對另一半而言，這可能不是快樂的體驗，她必須是個樂於相助且溫馴的伴侶，期待有朝一日，你會擁有更好的控制力（而她受益匪淺）。與其說這是性行為，倒不如說是「練習」。

再次強調，你想留在另一半的陰道內十五分鐘而不射精，可能要努力練習幾次，直到你能持續這麼長的時間！假以時日，你會更了解是什麼因素帶領你立即達到高潮，同時明白如何改變抽插方式、如何控制動作，才能夠隨心所欲的持久。

下面兩個方法可以與「停止—開始法」並用。

## 請另一半協助擠壓

第二個練習是擠壓技術，可以和「停止—開始法」法並用。當你感覺快要射精時，就將陰莖抽出陰道，由另一半用拇指、食指和中指握緊陰莖。她的拇指應該在陰莖的下側，食指和中指剛好在包皮下面（如果她覺得拇指在陰莖上方，而食指和中指在下側比較舒適，也無妨）。然後她可以溫和且穩穩地擠壓數秒鐘。在大部分的情況下，這會阻止男方邁向不可避免的射精點。然後兩人可以再度做愛，必要的話，搭配重複擠壓。

這個方法會失敗，通常是男人拖太久才要求另一半用擠壓技術協助，這又跟男人還不夠了解自己的身體和性反應有關。

## 拉陰囊，冷卻一下熱情

有不同的報告談到這個方法相當成功，不過它比擠壓技術更容易施行，而且有些伴侶發現，這個方法就是會成功。當你感覺到高潮正在醞釀時，就應該要求另一半介入。請她伸出手，將你的陰囊非常溫和的握在手中，在不擠壓到睪丸（這樣會痛）的情況下，將陰囊往下拉離你的身體，就這樣握住幾秒鐘。一旦你的興奮消退，兩人又可以繼續做愛。

去實驗並找出哪一種方法（或組合）對你最好用，但是要記得：沒道理勉強接受第二順位。女性可以學習達到高潮，男性可以學習延長時間。可能需要花些工夫，不過成功率非常高。

男人容易早洩，所以我喜歡告訴男人，陰莖是做愛必用的最後一件東西。還有其他東西可以用的時候，幹麼用你的陰莖做愛？

只要你稍具創意，可以用你的嘴脣、舌頭、腳、手、手指、你的膝蓋和手肘、你的呼吸、你的牙齒以及其他部位。當你立即拔出武器，是在自找麻煩。因為一旦那玩意兒上場，就像大型拖車衝下山坡，看不見脫逃的機會！

當你竭盡所能取悅另一半，甚至在進入她體內之前幫她達到高潮，她或許就不會在意你多快射精。可是如果你只專注在自己的陰莖，而你卻表現不佳，她當然會非常不滿。

## 計畫一個狂歡之夜

有些男人為了某個特別的夜晚做最後努力，可能會考慮在某個重大「約會」的早晨自我刺激。如果你一向有性欲過旺與太快解放的問題，那麼在與另一半做愛前的早晨先自慰，可能有幫助。當然，你不應該把自慰當作與伴侶性愛的替代品，那麼做會使你們疏離，且對婚姻具有毀滅性。不過，如果你用自慰做準備，以便更能取悅另一半，那麼我認為不但可以接受，而且有時候頗為明智。

老婆想幫助老公，也可以發揮創意。如果妳常因老公太快射精而感到挫敗，不妨計畫一個狂歡之夜。當天早晨，來次快速「手工」（譯註：幫老公自慰），提早五分鐘叫醒他，以這樣的口吻說：「大男孩！這只是預演今晚會發生的事。」會抱怨老婆讓他們一天達到兩次高潮的男人並不多。幫老公處理第一次高潮等於替他做準備，幫助他下一次更持久，最終他會在稍後的夜晚用更好的方法取悅妳。

## 享受高潮迭起的情愛生活

我在本章一開始陳述過，而我要再說一次：大多數男性觀看另一半高潮所獲得的性愛樂趣，會比自己體驗高潮來得多。男人的高潮和另一半所體驗到的高潮相比，往往相形失色。

基於這個理由，我不花太多工夫、也不太關注某些人談論的同步高潮。沒錯！同步高潮有時候會發生，而且兩人精確地在同一時間體驗性愛的狂喜是一種樂趣；但是即使真的發生了，坦白說，我會感覺好像錯過了什麼。我太著迷於自己正在體驗的，以至於無法看到珊蒂正在享受整個過程，所以感覺是個損失。

不要對同步高潮有太多想法或顧慮。以你知道對方想要的方式來取悅彼此，充分享受你們的高潮。

不過，男人要記住：好漢要留到最後！我們不需要太多時間，必要時十或十五秒就出來了。真正的情人會先帶動另一半，如果他認為她渴望高潮，他會提供幾種額外的漸強方式啟動她的快感。以這種方式做愛就像美式足球中指揮進攻的四分衛要理解防守，你必須對你看到的情況立即做出反應。如果女人的快感非常強烈，她要你進入而你沒有那麼做，她會抓狂。相反地，如果她正享受著你摩擦她的陰核且幾近高潮，你卻停下來進入，她會因此感到沮喪。

你無法在一本書裡找到這些狀況的關鍵，因為每個女人的性渴望和快感絕對是獨一無二的。除此之外，她會隨時改變。週二的她不等於週六的她，一月某個週六的她，也和六月某個週六的她不同。要有創意、有彈性，要懂得成為讓另一半處處感覺良好的專家。

現在，抹去你臉上的微笑，開始工作吧！

# 7 口中樂趣，用嘴愛愛

人妻們！請記得男人非常重視視覺。如果妳能讓他看到妳的舌頭正在做什麼，與他不經意地目光接觸，會是最有效的催情藥！

基於某種原因，脫口秀節目主持人總是渴望有個心理學家發表兩點意見。有一天，我正在收看脫口秀，節目中有三位「專家級」的基督教教友。其中一位大聲譴責口愛，甚至大聲譴責夫妻口愛，不過從他談話的方式，你會認為他正盯著反基督人士！

我很欽佩多年好友查理・薛德（Charlie Shedd）靠過去說：「不要批評，除非你有試過！」這位「權威人士」霎時一臉慘白，而我忍不住哈哈大笑。說得好，查理！

如果上帝給我一根魔法棒，那麼我要賜予未婚情侶自我控制和約束的力量，也賜予已婚夫妻更大的自由與探索智慧。我曾在皮膚癌專科有過「驚嚇」經驗，醫師派給珊蒂和我一份作業。「每六個月，你和珊蒂必須探索對方的身體，要很徹底喔！」醫師說的是找出變色的痣這類東西。不過，接著他眨了眨眼補充：「你們可以把這件事做得很有趣，對吧？」

沒錯！我們做得到。

過去，人們經常以不屑的態度看待口愛。事實上，許多州仍有法律明文規定，禁止這類行為。就我的觀點，這些是老掉牙的問題。換個角度，仔細想想呈現在《聖經》〈雅歌〉篇中美麗、幾乎無所顧忌的詩歌。它證明夫妻應該毫無保留地將自己獻給對方：

「他的果實甜美，合我口味。」（第二章第三節）

「讓我的愛人進入他的園中，吃園裡最好的果子。」（第四章第十六節）

「我的姊妹，我的新娘，我已經進入了我的園中；我已經摘取了沒藥（用作香料或藥品的一種樹脂）和香料。我已經吃了我的蜂巢和蜂蜜；我已經喝了我的酒和奶。吃吧！喔！朋友們！喝吧；喝到飽，喔！情人們！」（第五章第一節）

「我的愛人到他的園子去，來到香氣四溢的花床，在園中四處瀏覽並採集百合花。我是我的愛人的，我的愛人是我的；他在百合花叢中四處瀏覽。」（第六章二至三節）

「你的肚臍是圓圓的酒杯，裡面有喝不完的調和美酒。」（第七章第二節）

「我要給你香酒喝，是我的石榴釀製而成的。」（第八章第二節）

許多老師相信這些章節中，有些直接與口愛有關——用你的嘴刺激伴侶的生殖器。不過即使這些章節不是這個意思，也一定是談到情愛的放縱與自由，可以用有創意且令人震撼的方式表達熱情。事實上，《聖經》並沒有明說夫妻口愛道德與否，大部分的學者認為，口愛無妨。

想想吧！如果親吻某人的嘴唇沒關係，為何親吻其他地方「不道德」呢？難道男人不能親吻女人的胸部嗎？腳趾頭或膝蓋後方呢？或者對某些人來說，身體其他部位對嘴巴的刺激相當敏感？你要在哪裡武斷地畫出界線呢？

口愛也確實與衛生無關。說穿了，當女人親吻男人剛清洗的陰莖，她嘴裡的細菌遠比陰莖上的細菌多。如果妳真的在意衛生，那就不要接吻，改為口愛吧！

曾經有人說過，沒有伴侶應該被迫做他（她）不同意或認為不道德的事。然而如果雙方在上床前都做好衛生工作，不同意的一方通常能夠克服。

還有，身為心理學家，我相當了解年紀大的族群習慣將口愛視為「禁忌」。基於我近三十年來的個人研究及輔導經驗，其實所有年輕男女（不論已婚或未婚，大約二十幾歲到三十幾歲的族群）每次做愛，幾乎都會口愛，因為口愛是「比較安全的性愛」；而年紀較大的伴侶（四十幾歲以上的族群）即使有口愛，次數也少了許多。

諷刺的是，男人年紀愈大，愈需要更多刺激！口愛可以完全滿足這個需求！對年紀大的伴侶來說，口愛另一個大優點是：可以消除男人能否勃起或持續勃起所造成的壓力。如果男人知道不論自己是否勃起，都能取悅伴侶，就會降低擔心能否勃起的機率。

如果你以前不曾試過口愛，可以考慮加入今晚的菜單。

如果你想嘗試口愛，可是不確定伴侶是否接受，你有兩個選擇。

第一，你可以用溫柔而深情的口吻帶動：「親愛的，我真的想嘗試一些讓你高興的新玩意兒。如果我親吻你的全身，你覺得如何？」

一旦伴侶接受這類愛撫，也就比較願意付出同樣的行動。

另一個選擇（你必須小心運用）是，在極度熱情中逐漸進展到口愛。從另一半的胸部往下移，親吻她的腹部，然後往下滑到她的腿部，慢慢往回吻到她的大腿內側。觀察她如何回應：她想要更進一步，還是覺得不舒服？

> 任何事都不要急，如果另一半有些遲疑，立刻停下來。性愛之美在於：你們都有完整的人生，可以相互成長、探索對方並享受彼此。

體驗任何活動都不要急，可能有一方打從心底不願意給予或接受口愛，那也沒關係。伴侶之間有許多方式可以享受性愛親密，同時體驗多樣化的性行為。

對於想為另一半提供一次特別招待的女性朋友，我們來談談如何讓「快樂先生」微笑。

## 讓妳的男人徹底狂歡！

快樂先生喜歡被親親。沒有什麼比另一半深情地口愛更能讓快樂先生展現笑容。每個男人都有個人偏好，不過一般來說，有幾項準則。

挑逗可以，大約十秒即可。用舌尖輕舔或整片舌頭溫柔地刷舔都可以燃起性欲，但是不用太久，男人就會想要更直截了當。他會要妳用嘴含住整個陰莖。許多男人會說愈深愈好。這並不表示妳把陰莖含入口中，就無法停下來喘口氣。隨時回復剛才的動作，再多舔幾下、輕吹等等，但是不要拖太久，要記得回主戲。

許多女性都不了解的是：陰莖下側比上側更敏感。挑逗期間，在陰莖下側來個長而非常舒適的一舔，他會抓住枕頭，喜悅地扭動。

如果妳是這方面的新手，妳想問的第一個問題可能是：「那我的牙齒呢？」「沒錯，用牙齒會受傷！」妳應該噘起嘴，包覆住牙齒，要輕柔，如果妳有戴牙齒矯正器，更要輕柔。

我經常被問到第二個問題：「我這樣做對嗎？」

聽好，這裡沒有裁判！「我本來應該給他們十分，可是她的腳趾頭沒有捲起來，所以我給他們九點五分。」這跟正不正確無關，重點在於妳的伴侶是否享受整個過程。

要找出答案，妳必須問他，不是問我！如果一開始他說：「稍微輕一點，稍微慢一點，稍微用力點……」別主觀的以為他此時的想法還是這樣。沒有人天生具備好情人的技巧，這需要練習，妳沒有必要難為情。

第三個問題跟高潮有關。對有些女性來說，一想到吞精就討厭。男人的精液沒有什麼不健康的，何況一次射精排出的精液量其實相當少。可是如果想到吞精就令妳反感，只要在另一半達到高潮前，嘴巴抽離即可。妳遲早可以透過感覺陰莖的收縮分辨何時會射精。此外，體貼的他如果知道妳不愛吞精，也會提醒妳。妳可以在嘴巴抽離時，繼續用手刺激他。如果妳在他最能享受的時刻停下所有刺激，他當然會感到失望。

有時候，男人很享受另一半親吻他時，與他四目相交。請記得，男性比較喜歡用看的。如果妳不在意背景是盞柔和的光，或是微亮的蠟燭，那麼他就可以享受眼前的畫面，就像他享受那種感覺一樣。提醒：妳可能需要將頭髮往後攏，免得看起來像窗簾。

儘管我們通常稱為「口愛」，但這並不代表只需要用到舌頭。事實上，妳可以好好運用雙手和手指，大大增加妳伴侶的快感。如果妳的嘴巴累了，可以休息一下，用手撫摸。或者妳可以嘴和雙手並用，在妳親吻老公全身之際，愛撫他最隱私的地方。

我輔導過的一些女性，很訝異自己領悟到如何真正享受口愛的樂趣。那不再是工作，而是真正的快樂。

女人在取悅老公的過程中，表現出自己也樂在其中時，正是獻給他一份極度熱情的禮物。知道妳很興奮比任何事物更能讓妳的男人興奮，尤其是妳正做著某件燃起他情欲的事情。

## 讓你的女人直達高潮！

某些男人可能會感到驚訝，女性自慰時，幾乎都是刺激陰核；只有極少數的女性會拿東西插入陰道。這透露出女性生殖器最敏感的部位在外面。別誤會我的意思，女人其實很享受陰莖放入體內的感覺。不過談到性愛刺激，她們偏愛摩擦和愛撫勝過插入。

想一想：要愛撫老婆，沒有比舌頭更輕柔或溫和的方式了，有什麼比舌頭更能幹呢？

即使如此，有些女性還是相當猶豫，不讓另一半表演口愛，也不想表演口愛。

「我可以了解她不想幫我口愛，」有些老公對我說：「可是為什麼她不想接受口愛呢？」

記住，你在伴侶身上所能表現的性愛行為，沒有比口愛更親密的。

然而女人脆弱易感，她心想：他會覺得這麼做很噁心嗎？要是我不好聞，味道頗糟？怎麼辦？他會厭惡嗎？對某些女人來說，腦中充滿這些想法，就很難放鬆，享受口愛。

事實上，跟我談過話的大部分女性都承認，在婚姻早期，她們沒有想到老公會用嘴來愛愛，因此真要口愛時，她們總是忸怩不自然，以致於不覺得口愛特別有樂趣。一旦她們跨過這道心理障礙，往往會愛上它，而且希望持續愈久愈好。不過對許多女人來說，這真是道障礙。

顧及伴侶雙方的利益，不妨在愛愛前先洗個澡。她覺得乾淨，比較不會忸怩不自然。或者透過言語或其他方式保證你也樂在其中，緩和她內心的恐懼。

男人啊！你得慢慢來，從一壘推進到本壘。先親吻她的耳後，以你的方式一路下探到脖子，在她的胸部一帶流連，別忘了手肘內側那個可愛的點，然後挑逗地跳過她的腹部，一路下探到雙腿。如果你知道如何舔舐膝蓋後方那兩個點，才叫恰到好處，那麼你絕對有辦法讓女人狂野。等你改變方向，可能會發現溫柔親吻她的大腿內側，會產生某種令她向下滑動的效果！這時再慢慢向上往回親，她會懇求你親吻那個地方。等她真的打從心底想要口愛，你也提供輕柔、充滿感官享受的吻，那麼你會逼得她不得不咬住枕頭，因為她怕發出的聲音會吵到孩子。

## 手口並用

這裡有個口愛的絕佳體位：你面對另一半的雙腳，右手滑到她的臀部下面。你的手指就在那兒待命，等著在老婆的生殖器上跳個小舞，而你的嘴巴完全碰觸她最快活的地帶；陰核邊緣和陰唇的摺層全在眼前，任由你的手指和舌頭共同合作。

男人啊！這一切跟營造愛愛氣氛和付出時間有關。如果你做好準備，她會忘記自己身在何方，不曉得你帶她到哪裡去了。你會很訝異，在這樣的激情中，她居然會做那樣的事、說那樣的話。當你燃起另一半的性欲時，她會變得很敏感。別忽略任何部位，而且要隨時改變舌頭的運作。你可以舔、溫柔地拉（用嘴唇，不是牙齒！），加上親吻，交互運用。

最重要的是，記得這個信條：溫柔。男人，要溫柔。在這個部分，我最常聽到的抱怨是男人太毛躁，最後沒有取悅老婆，反而傷了她，尤其是當男人感覺到老婆變得熱情而得意忘形之際，特別容易發生。好好聆聽老婆的反應。

順道一提，別把兩手擱在一旁。用你的手指觸碰舌頭無法到達的地方。兩相結合的刺激會讓她忍不住扭動身體。當你舔著她的下半身，手不妨愛撫她的胸部，或者用手指刺激陰核。或者，當你用一或兩根手指伸入她的陰道、也許觸及「她的」G點時，溫柔地親吻她的陰核。

在我已經勾勒出口愛可能產生的樂趣後，我要補充一點：

男人或女人永遠不該強迫伴侶做他們不想做的事。如果你的伴侶（不論是什麼理由）認為口愛令人不悅、反感或不道德，那是錯在你讓他（她）感覺罪惡，或錯在你持續對伴侶施壓，要對方「讓步」。

## 口愛妙招

如果你已經通曉口愛的技巧，這裡有些特別的「招式」，你可能還沒有想到：

- 親吻你的伴侶之前，先吃些薄荷糖，或者在工作時，含一顆止咳糖。舌頭上的「薄荷醇」會轉變成非常舒暢的感覺。
- 另一個好點子是在床邊放一杯熱茶，隨時喝一口。這麼做會讓你覺得伴侶嘗起來口感不錯，而你格外溫暖的舌頭也會讓對方瘋狂。
- 在取悅伴侶的過程中，發出呻吟。
- 人妻們，請記得男人非常重視視覺。如果妳能讓他看到妳正在做什麼，甚至是把頭髮挽起來，他會非常感激。不經意地目光接觸，會是非常有效的催情藥！

# 8 男人專屬（鼓勵老婆念給老公聽）

讓女人知道，她是你唯一想要在一起的人，你渴望她更勝過渴望性愛。

在接下來的兩個章節，我想分別跟男人或女人談談。我還是要鼓勵女性閱讀〈男人專屬〉，鼓勵男性閱讀〈女人專屬〉，這會讓你們有許多話題可以共同討論。我提到的都是在諮詢室中最常討論的性愛問題。

男人啊！我最常聽到女性提到的事情之一是：男人上床的時候聞起來像沾滿臭汗的運動襪，然後又要另一半親近你們身體的每一部分。

我認為這樣是不對的。

多年前，我們做了一個衛生保健的廣播節目。節目開始前，我問製作人我們要談什麼。

他說：「衛生與性。」

我說：「不是吧！真的要談這個。」

他重複一次：「衛生與性。」

「你當真？」

「當真。」

「嗯，我繼續錄好了，免得節目開天窗，但這可能是我們提過最蠢的點子。」

當時的我恐怕是大錯特錯。剛解釋完主題，電話就響了起來，而且整個小時滿線灌到爆。我們接到大量回應，因為骯髒的另一半不洗澡、不刷牙，或者上床前不事先準備，實在讓女人倒盡胃口。這些女人終於有機會大吐苦水。

晚上十點，你的鬍碴感覺像粗級砂紙。你在辦公室裡的緊繃感已經透過皮膚滲出汗來，不但沾汙了你的腋下，也讓你的雙腳聞起來像堆肥。雖然你有足夠的力量，只用食指就帶女人進入狂喜的境界，可是如果你從來不用銼刀磨平指甲，你會讓女人因為全然不同的理由而尖叫。

布朗大學（Brown University）的實驗心理學教授瑞秋．赫茲（Rachel Herz）發表了一份研究，她詢問三百三十二位大專學生一系列異性何以吸引她們的問題。女學生一致認為，男人的味道吸引她們，甚至超過視覺效果。

換言之，即使你看起來「乾乾淨淨」，聞起來卻像隻死老鼠，是不會受到歡迎的。

所以，要懂得如何使用肥皂。如果當天既忙碌、壓力又大，或者你希望另一半特別親近你，記得：跳上床前，請先沖個澡。

請記得：自己「聞」沒味道不代表通過標準。就生理而言，女人的嗅覺比男人更敏銳。即使你認為自己沒什麼味道，並不代表她的靈敏鼻子不會收到令人作嘔的信號。

## 細心、溫柔對待你的女人

基於某些理由，浪漫時刻來臨時，大多數男人的心態依然活在石器時代：還是認為女性喜歡被強占、被掐被捏、被粗暴地對待。

偶爾，如果環境對了，帶點侵略性和玩耍般的「粗暴對待」可能會受歡迎，不過九〇%的時間裡，女性喜歡男人細心地愛撫。女人不要你像擠壓網球看是否沒氣一樣抓她的胸部；女人也不喜歡你打她的臀部，好像她剛擊出一支全壘打。她希望你細心撫摸。如果你真的想花一整天替另一半「熱身」，你必須採取非常溫柔的方式，而且要注意比較不明顯的地帶。

這裡有一些女性提供的意見，談到過去男性如何融化她們的心：

「撥開我臉上的頭髮。」

「替我梳頭髮。」

「把雙手插入我的頭髮中。」

「親吻我耳後。」

「撫摸我的臉。」

「坐在我身旁，一手搭在我肩上。」

「當我們並排而坐，看電影、吃晚餐、在沙發上觀賞影片，他把手放在我的大腿上。」

一個女人提供這樣的說法：「傍晚我們散步到山頂上停下來，我轉身面向他，他沿著我的臉頰滑過，然後撫弄我的頭髮。突然間，我想要他。」

幾乎沒有女人會說：「我就是愛他忽然抓住我的胯下！」不過要注意，好多女人提到男人用手撫弄她們的頭髮。你上次這樣做是什麼時候？

男人的思緒容易以性愛為導向，而女人往往以感官為導向。

直取女人的私處，或者突然猛抓乳房一把，都不屬於感官導向，而是性愛導向（雖然不是絕對，但至少對女人來說是如此）！

## 讓你的手指說話

大部分女性只透過性交，通常不會體驗到高潮。在生理上，性交似乎是為了一個目的而設計：讓男人存入他的精子。你的高潮是理想的設定，但是對你的伴侶而言，未必如此，所以慢下來，你必須運用雙手。

大多數女人需要刺激陰核才能達到高潮。陰核是一個小肉球，就在陰道開口的上方。其實你的另一半有兩組「陰脣」（包括內和外）。外陰脣有陰毛覆蓋；內陰脣呈現倒V字型，看起來像「Λ」。陰核正是那個頂點上的肉球，有一層蓋子包覆。沒有完全挑起女人的性欲時，陰核的「凸塊」通常埋在皮膚的皺褶裡。

陰核跟陰莖一樣，有各種尺寸。有些突出於陰脣外，很容易找到；有些尺寸較小。當敏感而深情的伴侶做對該做的事，溫柔地喚起女人的性欲，陰核通常會變大，比較容易找到。

這個事實可能會震撼某些男性：女性的陰核平均約二十三公分長。當然，你只看到十分之一，其餘部分靜靜藏在女人體內。感受到快感的突出部分是主體的一部分，有點像一塊愛的冰山。其他你看不見的二十多公分長度，向後伸長至骨盆內的一塊叉骨形狀中，讓這整個地帶非常能感受性愛的觸摸。

血管和神經集中在陰核頂端，因此

女性生殖器官示意圖

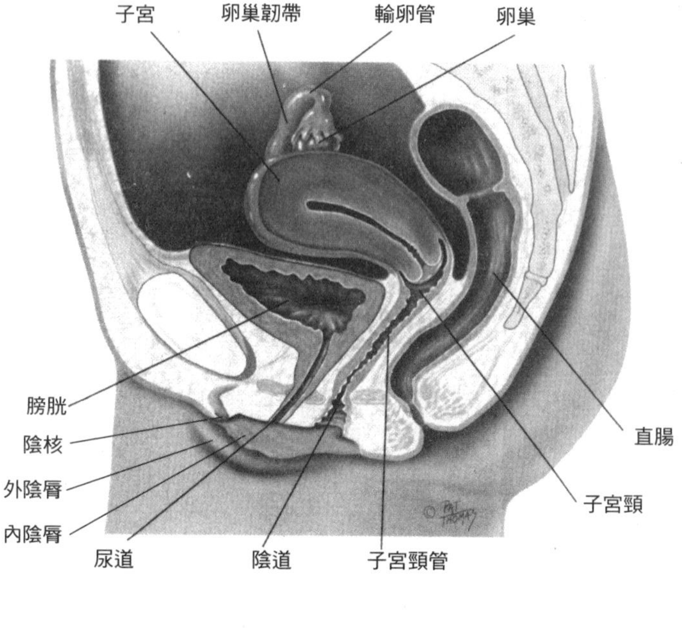

陰核對撫摸極度敏感。男人啊！這意謂陰核是極度快感或強烈劇痛的中心。最重要的是，請理解陰核非常敏感，需要小心對待。有時候，不直接觸碰是最好的方式。直接觸摸可能會痛，因人而異，這時你會想觸摸陰核周圍的陰唇，做間接刺激。有些女人的陰核被觸摸前需要事先潤滑，然後以轉圈方式摩擦。

此外，你也會想要調整愛撫的強度、位置和持續時間。兩分鐘內感覺良好的動作，超過三分鐘可能就變成疼痛了。通常，較輕微的挑逗式觸摸是較佳的途徑，不過女人接近高潮時，可能需要更強而有力、更直接的觸碰。假以時日，你就會知道伴侶偏愛什麼方式。

幾乎每一種性愛體位都會讓男人至少空出一隻手來。不論是你在上或她在上，不管是她呈跪姿而你在她身後，或者採取側進式，你都可以上下其手。還有，要小心翼翼地找到那個柔嫩的部位。如果你想讓另一半感到真正的滿足，就需要非常熟悉這個小突丘。

讓我順道提醒女人：幫助妳的伴侶取悅妳。每一個女人都不一樣；可以說，每一個陰核都偏愛獨一無二的觸碰方式。別讓他用猜的，或因觸摸不當而覺得自己笨手笨腳或無法勝任，請花時間深情地引導他。

要記得，只有妳才真正知道自己有什麼感覺。雖然妳的另一半會找尋線索，不過如果妳願意多說一點，他會覺得這件事容易許多。

這是個敏感的問題，不妨嘗試運用正向激勵。一旦他的某個動作妳感覺挺不錯的，而他卻遲疑不決，妳要立即熱情地說：「喔……親愛的，就像這樣，這樣很棒！」「喔，你弄得我好濕。」「喔——對！就是那裡。」「喔……拜託不要停，對！就是那樣，拜託別停！」

如果他有點興奮到忘我，不要羞於告訴他放輕鬆：「輕點，親愛的，那裡有點敏感。」

乳暈是胸部色深的乳頭部分，男人常認為乳暈非常敏感，其實不然。事實上，波士頓的研究人員建議，乳暈不敏感的程度是女人食指的二到三倍。

這並不表示你可以像旋轉汽車音響旋鈕般搓揉乳頭；而是觸摸時要有點掌控力，她才會感謝你。

話雖如此，還是要記得每個女人的胸部都不一樣，不只是尺寸大小，還包括敏感度。有些女人光是愛撫胸部就可以達到高潮，有些女人完全行不通。

女人知道男人比女人對性愛更有興趣。因為除了你喜歡性愛且想要她「服務」你這個事實外，你在性愛上表現亢奮，對你老婆不見得有任何意義。

男人，你要讓她知道你的欲望並不僅止於高潮（即使是她主動獻身，你也不要令她失望……），而是你真的想要她。她是你唯一想要在一起的人。

你該怎麼做這件事？是倉促的前戲，再強而有力的進出，讓她累翻後立即躺平睡覺，這並不是最好的方式。讓我告訴你，在性愛過程中，女人覺得哪些地方讓她們覺得特別：

「他在愛愛時跟我說話，讓我知道他想要我，還有我如何讓他燃起欲望！」

「目光接觸。接吻時、愛愛時，我愛看他的眼神，因為當他愛我的時候，他的眼神總是那麼體貼。」

「愛愛時，他撫摸我的臉，喚我的名字，玩著我的頭髮。我感覺他和我在一起很快樂。」

我想，現在你已經掌握到重點了：找到方法，讓你的女人知道，你渴望她更勝過渴望性愛。讓性愛是個人的、熱情的、彼此關聯的。

## 女人的G點在哪裡？

幾乎每個人都聽過有名的「G」點，這個名稱取自葛瑞芬柏（Graffenberg）醫師的英文名字字首，這位醫師在半世紀前首次描述G點。

對女人而言，在解剖學上，G點是女人尿道的海棉體。如果這麼說，而毀了你對G點的神祕感，那很抱歉，不過你的確會在那裡找到G點。

雖然每個女人的G點敏感度都不一樣，然而可以確定的是，敏感的伴侶都想要了解G點。我跟伴侶討論時，不愛用G點這個名稱，我喜歡用「她的」點。

我發現，她的「點」會移動。G點、M點、Z點或熱點也罷，怎麼稱呼都無所謂，星期二在這個位置，星期六卻移到那個位置。我老婆是德國人，不過我認為她有美洲豹的血統，因為她的「點」會改變！如果我太沉迷於雜誌文章裡讀到的偏方，就會找不到她的點。

男人的責任是讓女人有反應，而讓你的女人起反應的方法可能無法讓我老婆有反應。讓我們仔細看看，針對應該會讓你的伴侶腳趾頭翹起來的這個點，名醫是怎麼說的。首先，男人啊！我要警告你們，G點並不是觸發器，可以隨心所欲地按下便啟動煙火。你必須以你的方式挑起另一半的性欲，溫柔地將一或兩根手指伸入陰道。

接下來這個部分，每個女人都不一樣，不過一般而言，在陰道開口上方大約三、四公分（譯注：作者以女體立姿描述）的前壁處，會感覺到幾個脊狀隆起的一個小點，或者感覺上比周遭肌膚粗糙些。因為你正在觸碰尿道，她可能會擔心想尿尿，如果你持續溫柔地施壓，不多久那股催促感會崩潰成非常快樂的感覺。當呻吟聲隨之而來，你就知道自己中了頭彩。

你可能會發現，讓另一半趴著，雙腿朝你張開，比較容易找到她的G點。

在這種情況下，你會用手指往下按。嘗試上下和左右摩擦，同時鼓勵伴侶給你一些回應。對每一個女人來說，這個點的感覺都不一樣，你需要了解什麼樣的方式對她最好。如果你雙手並用，摩擦G點的同時刺激陰核，效果更佳。

愛愛時想要觸及G點，最好是讓老婆在上方。男人必須仰躺，屈起雙膝，讓老婆可以往後靠。透過練習，老婆能夠引導老公的陰莖不偏不倚地到達G點。

然後繼續保持下去。

另一個替代方案是老公從老婆背後進入，用陰莖刻意愛撫G點。當然，這比漫無目標的抽插費神；因為男方需要敏銳用心。

有一對夫妻來找我討論他們愛情生活中的問題，「經常起爭執」是最常見的現象之一。雖然跟我談過話的若干女性，渴望性愛的程度更勝過她們的老公，但是一般而言，男人覺得大約半數的愛愛都是他們乞求來的。

倘若你老婆想要性愛的次數不像你那麼頻繁，請不要埋怨；差異通常在荷爾蒙。女人體內並沒有跟你一樣的睪丸素，你無法期望她和你有同樣的性欲。

重點在於我們如何對待自己可以操控的性欲，而不在於性欲本身。

大多數的男人需要稍微「調整回來」。我的意思是：停止期望你的另一半完美地符合你的性愛需求，請放下心來尋求改善之道。

你心目中完美的性生活或許不存在。與其兩人為了永遠無法企及的理想爭吵，倒不如針對更有幫助的事情而努力。

## 女人的性愛幻想

女人的確有幻想，不過她們的幻想永遠不等於男人的幻想。然而，你很幸運，女人的幻想大部分不會超過一般男人幻想的範圍。兩位女性作家做了一份調查，要求女性描述自己的浪漫幻想。她們得到的答案頗振奮人心：「你可能很滿意這樣的答案，沒有一個女人的幻想是以鑽石裝飾，用貂皮裹身，或偷上一艘航向夢幻島的私人遊艇。全美各年齡層女性所描述的幻想是朝九晚五的男人可以達到的。」

包括了戶外運動、逛街購物、音樂表演、上不錯的餐館。這些「幻想」的關鍵在於：女人想要男人處理照顧孩子和訂位的細節。男人經常說：「甜心，週末我們出去玩吧！」然後要她找飯店、訂晚餐座位、找人帶孩子等等。

如果你另一半的幻想包含晚餐，請找個親密的環境，點著燭光的小房間和雅座會勝過菜市場般的喧鬧氣氛。進餐館時穿體面點，也許幫她買件新珠寶或買套新衣服。等到達目的地，請記得兩人的對話會成就或破壞這頓晚餐。女性作家的建議如下：

### 女人想聽的話

她的模樣令人讚嘆

你有多想她

跟她在一起有多好
一起規畫你們的未來
你喜歡你們關係中的哪一部分
規畫她的未來（達成她個人的夢想、目標等等）
她的興趣（鼓勵她投入）
你們如何相遇（回憶美好的開始）
爲何她對你來說那麼特別
餐廳裡的正面事物
她的成就
她一天的生活
她的構想
你感謝她所做的一切

## 女人不想聽的話

孩子、公婆
辦公室
你期待某些跟她無關的事物
任何負面的事物，任何你不喜歡的事物

你不同意、可能會引發爭執的主題
日常瑣事
開銷、帳單、稅金
今天的問題
過去或現在的其他女人
餐廳裡的負面事物
你的成就
你一天的生活
你的構想
你在計畫這個美好日子的過程中，遇到哪些困難

當然，有些女人真的想聽聽你這一天怎麼過的，不過只有在你先對她一天的生活感興趣才可能發生。要把握重點，保持正向，重點在她身上，包括相關的事物。

「但是，李曼博士。」有些男人說：「這有什麼好性感的？」

你犯了男人根本上的錯誤。你想當然爾地認為，在女人心中，「幻想」和「性愛」是結合在一起的。這不見得是事實。你知道嗎？實現她的幻想，她跟你愛愛的興致會增加約一百倍，只要她覺得安心，覺得你做這件事不是為了期待，那麼她會回報你一場大「高潮」。

有一份調查要求女性填寫下列空白處：「如果他更浪漫，我……」答案是：

「跟他在一起更興奮。」

「更能夠讓自己看來有吸引力。」

「更能夠找出他想要的；試著幫他滿足需求。」

「更願意留在他身邊，而不是想找個新伴侶。」

「在他身邊心情更好。」

「關照他的性需求。」

你的伴侶從地表數十億的男人中選擇了你。你認為是為了什麼？因為她認為你約會時的表現會跟婚後一樣？

你想想看，這樣的推論相當合理。

你是不是把另一半視為理所當然？是不是還一直做著跟以前一樣的事？「釣」她？「泡」她？你會帶著機油味在大學舞會上現身嗎？那麼為什麼你上床的時候臭氣沖天？

要改善性生活，包括老婆對你的渴望，最佳方式是：專注在婚姻中其他九五%的部分，並且好好經營。

## 了解你的女人

- **女人渴望多變**。有時候，女人要的是冒險刺激；有時候要慢調、緩慢的性愛。
- **女人希望男人體貼**。幫女人做家事、幫忙照顧小孩、全心全意關懷她。男人持續且殷勤地這麼做，會發現女人已經準備好享受積極且充滿愛的生活。
- **女人要慢慢加溫**。性愛之於女人包含話語和情感，情感需求置於肉體需求之上。
- **對許多女人而言**，性愛的整體「氣氛」必須布置得恰到好處，端視她的心情而定。
- **女人認為**，兩人之間存在的問題會抹煞性愛；性愛無法解決問題。
- **如果好一陣子沒愛愛**，女人的身體會進入慢速燃燒的冬眠期，需要更多時間，才會整個人熱起來。
- **很少女人性交兩分鐘就能性高潮**，絕大多數女性是透過刺激陰核達到高潮。
- **在生理上**，女人的高潮可以像「勁量兔」一樣：一直、一直、一直持續下去……

- **女人重視感覺**，男人要極盡挑逗之能事！
- **大多數女人希望男人**帶著乾淨的氣味上床，古龍水只會降低女人的性欲。
- **為女人設想每個細節的男人**，會讓女人更願意投入性愛。
- **當男人採取高姿態**的方式跟女人說話，甚至公然辱罵，女人肯定性趣缺缺。
- **給女人一分鐘擁抱＋貼心傾聽**，勝過一小時搔不到癢處的愛撫。
- **女人寧願跟善於調情的男人共處**，也不想跟只會衝刺的男人做愛。
- **女人是憑感覺決定性欲**，親密擁抱會比持久更快高潮！
- **女人拒絕愛愛**，多半是心理狀態脆弱，情感需求未獲得滿足。
- **女人需要情境鋪陳**。對女人來說，表現代表一切。要吸引女人，男人要表現出「熱情如火的愛」，而且需要情境輔助。
- **面對新舊性愛**，女人會浮現性愛回憶，腦海裡較會浮現前男友的影像。
- **若女人在性或其他方面曾遭父親羞辱**，較難坦然面對性事；若女人和父親的關係健康，床笫禁忌也會比較少。
- **多留五分鐘讓女人補眠**。你去接送小孩，下一次愛愛，女人會乖得像隻綿羊！
- **關於自慰這件事**，女人透過自我刺激，學習開發性快感。

# 9 女人專屬（鼓勵老公念給老婆聽）

眞正有技巧的情人會將男人帶到性愛狂喜的巔峰，知道何時該退回來，延長性愛的愉悅，才能再次將他帶回山頂，直達高潮。

我認識的一個女人決定將我在書中談過的原理加以應用，果真讓她老公大感吃驚。她想做一件震撼的事，加上老公出差離家一整個月，於是她想到一個好點子，要獎勵老公的忠誠。

為了讓自己保持愉悅的心情，她洗了一個泡泡浴，刮了腿毛，噴上老公最愛的香水，穿上吊襪帶、長襪和風衣。然後她開車到機場，停好車，走進去，希望在入境大廳遇上老公。

她忘了機場有保全系統。就在她步行穿過掃瞄機器時，頓時嗶嗶聲大作！

這時候，她才想起自己穿的是金屬吊襪帶！

她一臉慘白，回頭看見身後一對年紀較大的夫妻、一個年輕的生意人、一個不耐煩的家庭等著通關。她該怎麼辦？

保全官員試著幫忙：「小姐，我確定只是妳大衣上的腰帶。妳乾脆脫掉外衣，讓大衣自己通關好了？」

她驚恐地問道：「要我把外衣脫掉？」

「或者至少拿掉那條腰帶。」

這時候，她腦袋裡的血液彷彿被抽光了。她拿下腰帶，雙手麻木而冰冷，死命扣緊大衣，猛烈地祈禱，期望金屬吊襪帶不會再度啟動機器。

她走回去，穿過機器，尷尬地想找個地洞鑽進去。對一個年輕妻子來說，沉默無聲不曾如此美妙。她趕緊抓住大衣腰帶，繞過腰間繫好，然後在入境大廳和她老公碰面。

她老公認為這個經驗極為有趣，而且頗感謝她的舉動，那份感謝遠超過妻子所能理解的。即使如此，她還是警告老公：「別再期待這樣的驚喜！」

## 感覺對了！隨・時・都・能・愛

上述自發性的接受與付出舉動，會替你的婚姻創造奇蹟。

事實上，我想說的是：爲什麼不現在就做，以及爲什麼不在這裡做？

妳另一半是否曾經出現在妳背後，在妳上睫毛膏時一把抱住妳，而妳只是撥開他的手，簡單地說：「現在不行！」

為何現在不行？

愛撫胸部要花多少時間？十秒？二十秒？妳真的連那麼點時間都不給他？

我知道妳在想什麼：李曼博士，你不了解。如果我讓他碰我的胸部，接下來我會躺著仰望天花板，度過無聊的十秒鐘。我的衣服會被扔一地，頭髮會一團亂，還必須重新化妝。然後上班會遲到。

有時候，的確是這樣。這樣罕見的情境，我甚至會說，一年一次或兩次上班遲到，恐怕正是你們的婚姻所需要的！有時候，妳老公想要的只是一股快感。所以下一次，轉過身給他驚喜吧！也讓妳自己享受這份快感。

女人撥開男人的手與淘氣地咯咯笑，兩者之間有極大差異，即使是一兩分鐘輕輕地擁抱、愛撫，只在他耳邊低聲說：「這聽起來很有趣，可是很不幸，我真的得準備上班了。我們把這個節目留到今晚，到時候你想要怎樣就怎樣，而且還不只這些！」第二個女人衣著整齊，頭髮也沒亂，但還是滿足了丈夫的需求。第一位女人卻會讓老公感到洩氣，並且磨損他的男子氣概，一切都在六十到九十秒鐘之間決定。

實在是昂貴的一分鐘啊！

## 為什麼「現在」不行？

男人比大部分女人所了解的還脆弱。他們想成為取悅者，而他們比許多女人所知的更容易受傷。男人不是只會想到高爾夫球和獵鹿，事實上，他們著迷於那些東西的理由是：他們在家裡時常沒感覺到被愛，所以跑到戶外逃避。

想給另一半一次特別招待嗎？下一次他到妳背後，溫柔地抓著妳的胸部，預期妳會甩開他時，就讓他把手留在那裡幾秒鐘吧！

等他終於把手拿開，在他身後強而有力地說聲：「嘿！」

等他注意到妳，妳可以說：「你忘了另一邊。」

如果妳這麼做，這會變成妳老公永遠難忘的一段對話。

我想要幫助妳了解男人的想法。當我看到珊蒂在洗碗機前彎腰將碗盤取出來時，我會說：「妳想知道我現在在想什麼嗎？」

「不知道。李曼，我不想知道你在想什麼；去找事情做吧！」

女人通常不了解，光是看見她們彎腰，就能對一個男人產生影響。

男人是視覺動物，一整天都在接收視覺提示，結合流遍全身的睪丸素，使我們活在一種性愛警報升高的狀態。

現在，換個劇本。如果珊蒂在洗碗機前彎腰的那一刻，我對她說同樣的話，而她說：「李曼，我知道快樂先生偶爾會讓自己非常興奮，但並不是每次都那麼好運。可是我要告訴你：今晚快樂先生會好好操練一番。我很期待。事實上，沒有比這更令我期待的事情了。」

珊蒂這麼說，會比她當場同意更好！妳知道為什麼嗎？

她運用了預期心理的力量，對男人來說，在情緒上，預期的效果甚至勝過實做。

這令妳驚訝嗎？想想看，實做的話會持續多久？十分鐘？二十分鐘？四十五到六十分鐘，如果你真的肯花時間。

> 如果女人說：「就在今晚喔！」等於給了男人一整天的快樂。二十分鐘一晃眼就過去了，他不會持續想到妳、幻想妳、想要妳。不妨讓他帶著愛意和深情想妳一整天。

聽起來是不是很美好？

妳的用字遣詞真的很重要。當妳老公出門前，敷衍地吻妳一下，如果妳給他一個結實的吻，幾乎碰到他的小臼齒，然後說：「喂，今天晚上，我替你安排了節目，下班早點回家喔！」妳會讓他整天想著妳。

## 為什麼「這裡」不行？

另一句女人常對男人丟出來的名言是：「這裡不行。」

為什麼這裡不行？誰說做愛只適合在臥房裡？為何不來點刺激的？

我不是建議妳在大型購物中心的中央或是妳女兒的大學畢業典禮上做愛。但是，嘿！如果妳的另一半在廚房對妳調情，家中又沒有其他人，那麼，廚房裡其實有不少有趣的器具可以運用在人體。

好好想想吧！

我曾在一家商店舉辦簽名會，會中邀請了已故的喜劇演員史蒂夫・艾倫（Steve Allen）。我們倆開始簽書，與讀者交談。

史蒂夫與我看著一對上了年紀的夫妻散步經過，手挽著手，顯然相當恩愛。他們至少已經八十歲以上。女的滿頭白髮，戴老奶奶眼鏡，看著我陳列的那本書，大膽地稱頌性愛始於廚房。她轉頭對她老公說：「我們家行不通，太多窗戶了！」

史蒂夫和我聽了捧腹大笑，實在很有趣。

注意喔！我不是要妳厚顏無恥，也不是建議妳去做會被逮捕的事情。可是如果孩子出門了，而妳的後院是私人的；或者，如果客廳的窗簾拉上了，而妳老公突然出現在妳身後——嗯，在這種狀況下，不妨問問自己：為什麼這裡不行？如果妳無法想出一個好理由，也許妳應該跨出第一步。

## 男人也有G點嗎？

男人最好的朋友不是狗，而且那段友誼很早就開始了。

這是真實的故事：一位年輕媽媽替三歲大的兒子洗澡，兒子仰頭看著媽媽說：「媽咪，我愛我的小雞雞。」

慌亂中，這位年輕媽媽開始為兒子上一堂人體解剖學課。「嗯，寶貝，上帝創造我們，給我們手肘、手指、腳趾、膝蓋、耳朵和腳，每個部位都跟其他部位一樣重要。」

男孩沒有吭聲，耐心地聽著媽媽上人體的奧祕課程。等他媽咪講完，男孩說：「可是，媽咪，我還是最愛我的小雞雞。」

「快樂先生」，我比較喜歡這樣稱呼他，如果妳想取悅妳老公，妳也必須讓快樂先生一起舒爽。這應該不會太困難；畢竟，我長期堅持的看法是：快樂先生挺可愛的。我真的聽過有些女人表達第一次見到男人生殖器的心聲：「那是我這輩子見過最醜陋的東西！」即使這是真話，最好放在心中，不要說出來。

男性生殖器官示意圖

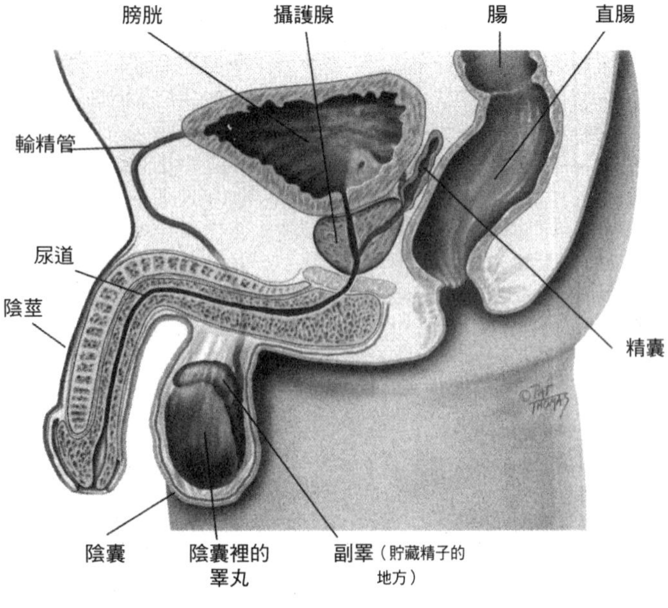

如果妳老公還年輕，二十幾歲或三十出頭，妳可能會經常裝作沒看見快樂先生，而他會忠實地舉起，向妳致敬。可是等妳老公年紀大了，妳就要懂得刺激陰莖的技巧。鮮少有女性接受性愛指導，這裡有段快速入門，教妳取悅妳老公最珍愛的命根子。

對剛有性愛經驗的人來說，男人最敏感的部分通常是陰莖下側及頭部。特別注意頭部底端的隆起，隆起處有個小凹陷超級敏感，用舌頭輕舔此處會讓妳的男人衝上天。

陰莖周遭有許多不同的感應器包圍，撫摸它會產生一種感覺，這往往是讓男人勃起的好方法。專注在敏感的頭部會感覺比較強烈，經常會產生高潮。

假以時日，妳就會懂得如何讓男人堅挺卻不讓他「超越巔峰」。

真正有技巧的情人會將男人帶到性愛狂喜的巔峰，不過要知道何時該退回來，延長性愛的愉悅，才能再次將他帶回山頂。

不同的撫摸，觸碰不同的地方，不同的愛撫（有時輕微、有時用力；有時快、有時慢），都會為男人創造各種體驗。在愛愛時的某個特定時刻，妳會注意他需要更直接而強力的刺激，帶領他直達高潮。

要善於探索妳的男人，真正了解他的身體。不是只有女性享受按摩腳、按摩背和按摩頭部的樂趣，男人也喜歡這類觸摸。

有些女人問我，男人是不是有G點。有幾位研究人員已經找到相當具體的答案，不過一名女性問我這個問題時，我採取不同的方式回答：「妳想知道妳老公的G點？」

「是的。」

「好吧，想像一隻有斑點的美洲豹。」
「好的。」
「想出來了嗎？」
「是的。」
「現在，妳愛挑哪一個斑點就挑哪一個斑點！」

男人就是喜歡被撫摸，而且每個點的反應都不錯。只要觸摸，都會有反應。

## 男人容易性起，女人可別輕易挑逗！

讓許多妻子頭痛的是，快樂先生不靠行事曆過日子。事實上，快樂先生甚至不知道行事曆為何物。此外，快樂先生還很健忘。

舉例來說，假設妳和老公昨晚有個美好、漫長而悠閒的雲雨之夜。隔天早晨，妳老公看著妳伸長手、踮起腳，將書放到書櫃上。那是週六早晨，妳正忙著做家事，所以沒有費事穿胸罩。妳伸直身子，胸部挑釁似地在T恤內晃動。

此時，妳可能會跟一般女人一樣，心想：我們昨晚愛愛過了，我還沒洗澡，穿著邋遢的衣服。誘惑力必定只有十分之一。

但就在幾秒鐘內，妳注意到妳老公走過來，從身後擁抱妳。剎那間，妳清楚地察覺到，快樂先生並沒有完全「休息」。

妳心想：這是怎麼一回事？我們昨晚才剛做過！

很抱歉，但事實就是這樣。對女性讀者來說，這個事實可能特別難接受，她們往往希望一切按表操課。想把快樂先生排入行事曆的讀者，祝妳好運！

因為男性是由視覺驅動，迅速瞥一眼穿內衣或剛出浴的女人，便足以引發性衝動，特別是距離上次愛愛已過了幾天，妳老公可能不在意十五分鐘後辦公室有重要會議。

最著名的電影場景之一，是莎朗．史東（Sharon Stone）早期的一部電影，劇中她顯然多花了點時間翹腿，全美國的男人都為之傾倒。我確定看見那一幕的女性心想：那有什麼了不起？她翹她的腿。你還沒有搞清楚發生什麼事，就全部結束了。

相信我，女性朋友——只是一瞥就很有感覺了。

女人只要選對香水，就能讓許多男人調過頭去。男人會被特定的氣味完全征服，變成小狗。

「妳會嫁給我嗎？」

「我甚至還不認識你！」

「沒關係，如果妳聞起來總是這麼香，我想要成為妳老公。」

年輕的人妻們真的頗震驚丈夫的性愛頻率和性趣的持續時間。有些女人告訴我，她們心想，如果乾脆投降，連續愛愛五天，老公就會「痊癒」。門兒都沒有！他可能這週很開心，但是到了下週，他還是會想要。

這個「永遠開啟」的男性心理狀態並非陰謀，上帝就是這樣創造男人。妳要始終記得這件事：「上帝就是這樣創造男人。」上帝認為這很重要，讓妳的另一半因為化學作用而被妳吸引，受到激勵，規律且持續地在肉體上親近妳。

我不知用這話溫柔地責難過多少女人：「請不要因為妳丈夫是個男人而挑他的毛病。」

「這是什麼意思？」

「如果妳想要有個人可以談談、有個人愛做妳愛做的每一件事，妳應該繼續單身，和女性室友建立友誼。可是妳嫁了一個男人，他有不同的喜好和需求，其中也包含性愛。」

## 男人認為性愛態度比身材更重要

妳的性愛態度比胸圍大小更重要，也比妳的腰圍大小更重要，比妳的腿長更重要。絕大多數的男人寧可另一半的胸部平一點，卻擁有隨時奉陪性愛的態度，他們不要極其引人注目，但對待他卻冷若冰霜、不斷潑冷水的女人。

此外，正向的態度也意謂著妳欣賞並尊敬妳的伴侶。這才是男人想要的。不幸的是，攻擊男性並把男性轉變成只透過陰莖思考的狹隘生物，成了文化上可以接受的事。

這不是真相；事實上，性愛滿足的男人比性愛挫折的男人更少想到性！如果他沉迷性事，可能是他覺得沒有體驗到足夠的性愛！

女人有必要樂於維護自己的丈夫，甚至在與朋友談話時，也樂意這麼做。

什麼會令男人更自豪、更愛他老婆？莫過於聽到妻子在熱絡的閒談中支持他。順道一提，這種話傳回丈夫耳裡的機率非常高。

## 女人的歡吟浪語，會讓男人表現更銷魂

妳可能會在一份當地報紙中發現許多「電話性愛」廣告，男人真的會付一分鐘五十元或更多錢來聽女人對他們說些挑情愛語！

毋庸置疑，這是墮落的玩意兒。但是這個產業得以蓬勃發展，必然有某些原因。

我從來沒有打過這些電話，不過以心理學的觀點來看，我實在頗受誘惑，目的在於了解這些男人的心態。我第一次聽到有這類電話時，實在無法相信男人會為了如此愚蠢的服務而支付

大筆金錢。

可是，妳知道這些色情電話供應商發現了什麼事情嗎？言語的威力。

當女人說著一些男人可以想像的事情，那些生動的字眼可以將男人一路帶入高潮。男人不是打電話去閒聊的。如果沒有高潮，他們不會付那麼多錢。

這些女人到底說了些什麼？「我想要你。」「我需要你。」「如果我現在跟你在一起，你可以對我做任何你想做的事。」我確信那些話極其下流。

妳知道哪一類型的老公會打這些電話？就是老是聽到「現在不行，這裡不行，你會吵醒孩子，你只會想這種事嗎？」的男人。

妳是否想過用「有創意」的語言跟妳的另一半說話？我們會在後續章節中談論這點，不過現在，我想把這個觀念植入妳心中。

「可是，李曼博士，你不是想要我講話像色情電話女郎吧？」

我不是要妳淫蕩、粗俗、具攻擊性。可是我想要妳了解，妳在床上用的字眼會勝過聽到的聲音；這些話有味道、是仔細考慮過的、值得懷念。

說一或兩句在臥房外絕對說不出口的話，那麼妳可能會驚訝男人在臥房內的表現讓人如此銷魂。

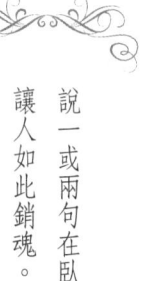

約會中的男女，男友經常會說他的睪丸漲痛到不行，想藉故對年輕女友施壓，好發生性關係。可是在婚姻中，做妻子的必須了解那樣的話有幾分真實性。

有些日子，男人醒來時會呈現完全勃起的狀態。他可能要求妻子且被拒絕，但是拒絕並無法消除男人的欲望。

有時候，性解放對男人來說像是一種緊急需求。我找不到比這更糟的感覺（或許有，就是被人踢到胯下）。

女人必須了解，如果一個男人性起，女人只要說：「喔，你怎麼老是愛玩。」而且用很抓狂的方式表達這句話，很快就能打消男人的念頭。不過那個男人還是會感到結結實實的痛。槍已經裝滿了子彈，最後一顆子彈放入槍膛內，目標鎖定，而扳機正要扣下。就那麼接近了，而妳若無其事地打回票，實在是頗令人挫折。

「我永遠不會嘲笑我老公，然後再想辦法挽回。」

有些女人可能會這麼說，但是我要說的不是這個。

有時候，男人會就這樣醒來；有時候，他下班回家，看到妻子沒穿內衣，感覺就來了。妳可能無法了解他的性欲高漲到什麼程度，因為男女身體運作完全不一樣，可是他卻覺得極度渴望性愛。

這種狀況跟妳有什麼關係？別忘了我們提過那些快餐和幫丈夫「做手工」，那些妻子做來可能非常實際且深情的事。妳的另一半並不是試圖向妳推銷一張貨物清單，他是求妳幫忙；妳可以慷慨回應，讓他好長一段時間都有被愛的感覺。

## 十大性感必殺技，挑逗他的感官

我有太多女性客戶以為，性趣要不就存在，要不就沒有。她們以為性欲的出現是性欲決定的，說來就來，說走就走；她們無法增進性欲，也無法維持性欲。

這麼說並不正確。妳可能不會像男人希望的那樣，時常自然而然地想到性，可是，妳可以因為愛他而培養更大的性趣，我鼓勵妳那麼做。

道格拉斯．羅斯諾（Douglas Rosenau）醫師有一份很精采的清單，內含妳可以做的十件事，用來「將愛愛視為妳婚姻中優先考慮的事項」：

- 將妳每月的性生活列入預算並消費特定金額，例如，貼身衣物、新床單、夜間或週末一起外出。
- 偶爾一整天穿著性感內衣，不同以往的感覺會讓妳時時想到性。
- 不要穿內衣赴社交聚會，並且在出門後告訴妳的伴侶。妳會令他抓狂，而保持在性起狀態。
- 至少一個月規畫一次性驚喜，試著以能點燃性欲的方式趁其不備時挑逗妳的男人。
- 記錄妳的心理狀態，不管多累或多沒興趣，至少一週發起一次性愛活動。
- 挑逗另一半的視覺性欲，在特定的時候炫耀妳的裸體，目的在欣賞他的反應。
- 在疲憊的一天結束時，洗個泡泡浴並沉浸在其他感官愉悅中，這是很好的催情方式，可以讓妳的身心協調一致。

- 開車時，創造與妳的情愛生活有關的性幻想，在當天結束時，與伴侶分享妳的想法。
- 使用會讓妳聯想到做愛的特別香水，並在預計要做愛的那天塗抹。
- 練習凱格爾運動（參見第123頁）。

如果妳想跟另一半多談些話，他卻說：「抱歉，我不像妳對說話那麼感興趣。」妳會感到受傷，不是嗎？事實上，有些女人的另一半就說過類似的話。或者，如果他懶散成性，拒絕幫忙，說他對做家事意興闌珊；妳很快就會對他的無趣感到厭煩，希望他改變，不是嗎？那麼妳告訴伴侶，妳對性愛就是沒興趣，不也做著同樣的事。事實上，妳所做的更糟。妳可以打電話跟朋友聊天或雇個打雜的人來做家事，可是他卻無處表達性親密這回事。

性趣可以培養並且維持。妳可能需要刻意改變，不過這樣的改變有可能發生。如果妳想好好愛妳老公，就必須這麼做，那麼改變必然會發生。

## 男人愛愛後倒頭就睡，純屬生理反應

在諮詢室裡，另一個經常出現的問題跟性愛後發生的事情有關。年輕時，我震驚地發現，「完事」之後，珊蒂會要我愛撫她的雙手並持續撫摸手臂半小時以上。跟男性談話時，我試著跟他們強調性愛後殷勤關注的重要性。不過我有必要為男性辯護一下！

男人愛愛後，感覺就像死魚。這是生物學上的事實——我們沉重地躺回床上，喘著最後一口氣，就像平時我們會不經意地離開，準備睡覺。感覺上似乎不在意妳，但我們不是故意如此。我們必須有意識地對抗，才能不立即放鬆或沉沉睡去。

請女人試著諒解。這時妳老公會心想：小姐，我剛給了妳所有的關愛，而且還不只這些，難道妳還要更多嗎？關心老婆的丈夫都會試著克服，不過有時候，我們會因抵擋不住而「呼呼大睡」。

所以選擇權在妳：透過妳的意願、態度和言詞，妳可以讓另一半感覺自己是世上最幸運的男人；妳也可以再三否定、說刻薄的話和怨恨，妳可以用言語閹割他，令他覺得悽慘痛苦。那是很大的力量！造物主覺得妳可以掌控這股力量，因為祂是用這樣的方式設計男人和女人。如果上帝要測試妳的仁慈和慷慨，只要看看妳在這方面如何對待妳老公。

# 了解你的男人

- **男人以為可以一招用一生：**只要聽到妳一次呻吟，男人就會在往後的五十至一百次做愛中完全用同一招。
- **男人希望取悅女人。**在情感上，男人想看見妳非常享受他帶給妳的愉悅。大部分男人都想成為女人心目中的英雄。
- **男人的熱情一觸即發：**女人脫掉睡袍的時間，男人可以從零下冰點衝到三百度。
- **男人並不在意女人何時**、何地想愛愛，或想怎麼愛愛；對男人來說，即使糟糕的性愛也是好性愛！
- **男人認為，**性愛可以消除問題，即使你們根本沒有討論過這些問題。
- **如果好一陣子沒愛愛，**伴侶甚至還沒有碰到他，男人的身體就以每小時六十公里的速度復甦，不需要前戲，光是想到回家就足以勃起。
- **男性平均**在激烈進出兩分鐘以後就會達到高潮；這不是早洩，而是平均值。
- **在生理上，**男人年過三十，高潮過後至少要無力個半小時。

- **男人容易性起**，女人可別輕易挑逗！
- **大多數男人希望**女人穿著衣服上床，而不是裸體上床。
- **充滿想像力的女人**，會讓男人精神一振，提槍上陣！
- **當女人試圖控制男人或利用「性」遂其所願**，男人很快就會厭倦這樣的遊戲！
- **男人寧可跟多了點肥肉但感官敏銳的女人上床**，也不要一個完美無缺卻冷感忸怩的芭比。
- **男人是靠視覺啟動性欲**，若隱若現的乳頭會比裸體更誘人！
- **男人想愛愛**，不完全是滿足生理需求，有時是為了掩飾心理脆弱。
- **男人重視感官享受**。男人是視覺動物，一旦感官獲得滿足，往往一觸即發，而忽略了求愛表現。
- **面對新舊性愛**，男人會比較肉體反應。性愛時，男人會比較女人對性愛的反應。
- **男人若跟跋扈且控制欲強的母親同住**，較不喜歡對性事積極主動的妻子；男人若從媽媽身上找到溫柔的愛，懂得尊敬媽媽，較容易與妻子在性事上產生親密互動。
- **提早五分鐘叫醒男人**，為今晚的狂歡彩排！會讓男人徹底瘋狂。
- **關於自慰這件事**，男人透過自我刺激，學習控制射精速度。

# 10

# 三十一種滋味——讓性愛升溫的情愛蜜招

享受一成不變的性愛、興奮的性愛、快速的性愛、慢調的性愛和出其不意的性愛，照單全收。

珊蒂和我常去土桑市（Tucson）的卡魯索（Caruso's）餐廳，持續約四十年了。可是我在那家餐廳只吃過義大利麵。

這個事實差點把珊蒂逼瘋了。

「你幹麼不點砂鍋雞？」有一次她問我。

「因為我不喜歡砂鍋雞！」

「可是如果你點砂鍋雞，我就可以吃一口。」

「聽好！甜心，如果妳想吃砂鍋雞，我就會幫妳點砂鍋雞。」

「可是那樣我就沒辦法吃喬凡尼（Giovanni）雞啦！你每次都吃義大利麵！」

義大利麵合我胃口。為什麼要冒其他風險？

我的想法如下：我愛極了義大利麵，可是並不想每天晚上都吃。或許一週一次吧！一週兩次？可能不行。雖然我酷愛柔軟的麵條、黏稠的起司和新鮮番茄醬，可是就只能吃那麼多。

## 安排些許小驚喜……

你可能已經先做到了我要談的事。傳教士體位是讓兩個身體密切結合的好方式，我想不到還有更好的方式。這個體位親密、溫柔，而且結果經過世世代代驗證。或許全球近四分之三的人口是透過這個體位受孕，多少令人興奮的高潮是這個體位衍生而來？

可是，如果你一週做愛兩次或兩次以上，就連傳教士體位也會變得有點無趣。在本章裡，我們要有點實驗精神，事先警告讀者：一或兩種運動可能會冒犯某些讀者，不過應該無妨。如果無法讓你的發動機成功運作，也不要就此放棄，直接跳到下一個運動就行了。

可是如果你的伴侶著迷了，可能在某個特別的夜晚，你可以安排些許驚喜……

## 若隱若現比全裸更誘人

「為什麼我要花一、兩千元買新內衣？他要我穿內衣的時間從來沒超過五分鐘！」

女人的抱怨不無道理。不過每個男人都會告訴妳，那五分鐘相當特別。

眞相是，大多數男人希望女人穿著衣服上床，而不是裸體上床。

妳可能會問，為什麼？

這樣我們才可以把衣服脫掉。

我堅信一夫一妻制，也就是兩人都不與伴侶以外的人分享性關係。但是我們也要好好面對一夫一妻制：人喜歡變化。內衣為我們增添變化。不同的男人喜歡不同的風格，有些人喜歡蕾絲，有些人喜歡透明；有些人喜歡絲緞，有些人喜歡皮革；有些人喜歡活潑的顏色。

大部分男人可能都喜歡黑色。

妳選擇的內衣可以設定心情，傳統的、誘人的、高貴的。交替使用，讓妳的男人不停地猜，妳會讓他快樂非凡。

變換內衣還能傳達訊息：讓另一半知道，妳在愛愛前就想到這次的性愛接觸了，這點會真的震撼他。他會理解妳決定去逛逛內衣店，瀏覽架上的內衣，買些妳認為他會喜歡的樣式，然後計畫在某個晚上穿給他看。

我無法確切讓妳知道，這麼做男人的內心有何感覺。如果妳可以看見他的反應，妳會繼續這樣做，搞不好，最後連店員都認得妳了！

有些人可能覺得這很肉麻，不過請試一試，看看效果如何。

有些商店會賣可以在臥房內投射出不同光線的彩色玻璃燈泡，這些燈泡可以為特殊場合增添情趣。

蠟燭是改變照明的最佳方式，蠟燭的數量甚至是顏色，都會影響整體氣氛。

無論如何，妳的做法是改變愛愛的場所或者是該場所的景象。這麼做不用花太多錢，但卻是個好交易。

## 女人香、甘草味，會讓你們熱起來！

香水是保持床笫之間新鮮和清新的一種方式。

女人啊！嘗試新的香水吧！用一種新的沐浴露。

妳的目標是：一上床他就會快樂地聞到從來沒有聞過的味道，這會使他整個人活起來。

男人們！你可能想知道，研究人員曾經研究過什麼氣味最能吸引女性。

「芝加哥市的嗅覺及味覺治療與研究基金會（Smell and Taste Treatment and Research Foundation）的研究人員發現一種黑色甘草糖、黃瓜、嬰兒爽身粉、薰衣草和南瓜派的混合物，最能燃起女性的性欲。黑色甘草加黃瓜是最能激起情欲的氣味；櫻桃則最能抑制……

「研究人員發現，男人的古龍水事實上會降低性欲。」

換句話說，切一盤黃瓜沙拉，撒些嬰兒爽身粉在你胸口，吃一塊南瓜派和一根黑甘草，在房內噴些薰衣草空氣清香劑，你的女人就會很容易進入情況！

給女人的聰明建議：告訴男人，妳的身體某處「藏」了香水，要他找出來，他一定會跟妳一樣享受搜尋之樂！

## 新床單可以改變愛愛的心情

男人啊！有個真正款待另一半的好方法。亞麻布、棉布和絲質床單都能給人不同的感覺。因為女性非常享受性愛的感官層面，一套新床單會讓女人充滿驚喜。床單比你更能全面碰觸你伴侶的身體，所以新床單可以在愛愛時產生新的感覺。

不過，男人！請掌握好線索。

若是給她一套尚未拆封的新床單不是什麼特別性感的事。拉開封套，親自更換床單，給她一個驚喜吧！

你選擇的床單樣式有助於設定兩人愛愛的步調：長時間、緩慢的性愛，棉布可能是舒服的選擇；絲質可以提升熱情；如果你想要狂野一點，不妨考慮塑膠床罩（或沐浴簾）和一瓶嬰兒油，那會是種全新的感覺！

除了鋪上全新的床單，你還可以在床單上放一些東西。

有一次，我待在飯店房間內，拉開床墊下方的被單時，注意到地毯上約有一打玫瑰花的花瓣。那一定是某位體貼的男人在旅程中為另一半創造了一床玫瑰花瓣。這點子真是妙極了！任何柔軟的花都可以，只要摘下花瓣，撒滿整張床。當你躺在床上時，就會創造出一種全新的感覺。

此外，你也可以用花瓣愛撫你的伴侶，你可能想抓一把花瓣撒在她身上，再滑到她上方。那味道和感覺會提供一種全新且快樂的體驗。

## 放膽做愛吧！

一個年輕妻子到機場接機，對滿身疲憊的丈夫說：「我急著要你看看我的新髮型。」

「對不起，」丈夫抱歉地說：「我沒有注意到。」

「沒關係，」妻子挑逗地說：「我不是在說我的頭啦！」

哇，乖乖！這下老公的注意力全在她身上了！

妳可能小心翼翼地剃掉「下面」的毛，這麼做可能會不舒服，不過有些女人使用脫毛藥，再長回去時不會發癢。此外，簡單修剪一下也會產生神奇的效果。

想一想：妳一年花大筆金額整理頭髮，而且許多女人每天出門前，至少花三十分鐘整理。那麼何不為妳的另一半整理妳身上其他地方的毛，給他來個特別招待？

不舒服的問題（尤其是毛又開始長出來的時候）可能會讓大多數的妻子卻步，不願把這當作一種生活方式，不過碰到特殊場合時，記得！對妳的男人來說，「新」總會更令人興奮。

## 廚房可以做菜，更適合做愛

男人有必要看看將幫忙洗盤子變成前戲有何效果，不過為何前戲只保留給廚房呢？如果孩子出門了，你們就可以在廚房享受一次四道菜的性愛美食體驗！

要有創意。如果輕輕使用桿麵棍，可以來一節消除疲勞的馬殺雞。砂糖篩子可以用來撒麵糊以外的東西，為雙方創造一次「甜蜜」的性愛體驗。平凡的吸管在富有創意的伴侶手中，會變成撩人的樂事：朝情人身體的不同部位輕輕吹氣會創造出美妙的感覺。

看到冰箱或冷凍櫃裡的冰塊了嗎？想些有創意的方式讓冰塊溶化，還有那些結霜……可以用結霜來做什麼呢？哦，還有巧克力醬、蜂蜜，甚至有起泡的鮮奶油。

為什麼你以前沒有想到好好利用廚房呢？

## 打光！用手電筒探索彼此的身體

房間完全黑暗，兩人蓋著被子，一絲不掛，除了手上的結婚戒指。忽然，你的伴侶取出一支小手電筒，開始探索你的身體。黑暗會讓身體看起來幾近陌生；光線指向吸引人的地帶，是他或她以前從來沒有欣賞過的地帶，至少，不曾如此欣賞！

## 脫掉、脫掉，把內衣脫掉！

女人啊！如果妳有一件準備丟棄的內衣，可別扔進垃圾桶，用它來嚇嚇另一半吧！穿著這套內衣站在他面前說：「如果你可以把這套內衣撕掉，我就是你的了。」

稍微推拒一下，但不要太認真。妳甚至可以在旁邊放一把剪刀。

我知道，他想剪掉妳身上的內衣可能聽起來很蠢，不過絕大部分的男人都發現，這麼做可以激起醉人的性欲。相信我。

## 在鏡子前愛愛

紐約州的水牛城（Buffalo）有家豪華飯店，叫做「園景套房」（Garden Suite），這家飯店懂得如何讓許多婚姻浪漫長存。豪奢客房中有一間備有噴水按摩的私人浴缸，可容納兩個人，不過光是大型按摩浴缸沒有什麼特別。這間客房不同的地方在於牆壁兩側各有一面大鏡子。

瞧！女士們，視覺刺激會燃起男人的性趣。我要談的不是色情雜誌的插圖，我認為色情會毀了婚姻。妳不必看起來像個波霸美女，就可以吸引另一半。

他只想要看看妳。

這裡有個訣竅：看著鏡子裡的妳會產生一股全新的感覺。

哇！他會愛死此時此刻！

讓他為妳脫衣——在鏡子前面喔！如果妳不想讓自己太顯眼，就把燈調暗。也許可以用燭光代替，不過要讓他對妳的身體著迷。妳不希望他看《花花公子》雜誌或上脫衣夜總會（如果他是個深情的丈夫，兩樣都不會做），就要讓他看看妳，用不同的方式看妳。

如果妳真的想要大膽刺激，不妨跟他在鏡子前做愛，讓他一飽眼福。當妳這麼做，為他創造出更多對妳的渴望。妳填滿他的心，他會覺得跟妳很親近。

除非妳附近有可移動的鏡子，不然妳可能要先檢查飯店房間是否可以這麼做。客房中間如果有擺設擋住，會顯得鏡子極為遙遠（就像望遠鏡拿反了看），效果會完全走樣。如果妳和伴侶必須斜眼看才能瞥見自己在做什麼，那麼效果便大打折扣了。

不妨考慮拉一條蓋被或柔軟的毯子放在鏡子旁。如果妳可以找到兩面牆壁都有鏡子的地方，效果加倍。對某些人而言，親眼看到自己正在做的事通常相當刺激；我認為每對夫妻都該至少嘗試一次。

## 下午也要尋歡作樂

《聖經》裡不只一次提到你必須等天黑才能愛愛。所以許多夫妻（特別是有孩子的）掉入了陷阱，要等到所有事情都做完了，才會想到性愛。孩子們必須上床睡覺，地毯要吸乾淨，晚餐餐盤必須洗完放回原位等等。只有這時候，才考慮到性愛。不幸的是，這時候，其中一人或兩人可能都想睡覺了。

哪一對夫妻不曾面對如此兩難的困境？你一早醒來想愛愛，或想來點輕鬆的前戲。但事實是可能你很匆忙——你必須去上班，或者叫醒小孩去趕搭巴士。所以你們允諾對方，熱情會在當晚宛如噴射戰鬥機。整個早上，你們想著晚上要為對方做什麼；下午，想像整體安排。下午六點前，覺得迫不及待。晚餐還沒上桌，女兒的家庭作業進度落後了。終於，七點零五分，家人面前擺出了一些像樣的食物。等到八點半，大家都吃飽了，餐盤也洗好了一半。

同時，兒子跑去找他最喜歡的玩具，卻忘了正在放水，直到妹妹發出尖叫，說浴室門縫下流出一條河來。姊姊要求協助她完成數學作業。然後，你們兩人累得跟狗一樣。

到了十點半，最後一個孩子終於上床了，性愛卻突然像是義務而非喜悅。怎麼十小時前聽起來如此美好的事，現在卻像是另一份工作？

別讓性愛變成冗長生活清單中最後一件要做的事。

生理上，男人的身體一大早第一件事就是準備愛愛。午餐時間，大部分的業務會議都完成了。許多約會的情侶會發現，如果約好晚餐時間見面，晚餐會是他們最後才想到的事。所以，為什麼只有夫妻將性愛拖到一天的最後才做呢？

如果你財力夠，找個保母吧！在飯店訂個房間，大白天享受拯救婚姻的飯店性愛。你們會有張乾淨的床，離開時也不必整理。也許不便宜，不過長期而言，離婚所付出的代價更昂貴。

## 讓他（她）猜不到你的下一步

我從人妻們那兒聽到最多的抱怨是，她們的丈夫似乎依循著事先決定好的路線圖：「他親吻我三次，花九十秒親吻並愛撫我的右乳頭，三十秒親吻並愛撫我的左乳頭，一手放在我的兩腿間三分鐘，接著就進入。」

男女都一樣，性愛滿足的關鍵之一是讓你的伴侶不斷猜測。

我輔導過的一位妻子個性百依百順，不過相當缺乏想像力。她總是有意願，可是她老公想要的不只是意願——他希望的是積極主動。

有一晚，她撼動了他的世界。原本老公在她上方進行著前戲，突然間，她接手了。她將他推倒，表現得彷彿她非常急切。然後她爬上老公的身體，熱情地撲向陰莖，好像非常需要它。她的老公把這一切描述給我聽，那一刻，他是我見過最快樂的丈夫。

重點是要讓你的伴侶不斷猜測。你當然不能每週都做同樣的事，甚至不能每個月做一次同樣的事，但是不時讓你的伴侶驚喜相當重要。要讓對方猜測接下來會發生什麼事。如果你總是一開始「上樓」然後再「下樓」，那就讓她大吃一驚吧！一開始花五分鐘愛撫她的雙腳，可能抹些乳液，甚至親吻她的雙腳，然後往上展開你的後續動作。或者讓她趴著，找些東西在她背上愛撫。

如果妳平時穿著保守，何不買一件妳從來不會穿出門的衣服，在丈夫回家時穿上歡迎他？或者讓他全身赤裸而妳還穿著衣服！

## 呻吟、呻吟、呻吟

沉默不是金——至少，在臥房裡不是。

男人！當你持續發出輕柔的聲音或認同的聲音，你的另一半會覺得很美妙。每一個人都希望在床上有好表現，除非你說出口，否則女人不會知道她讓你感覺有多好。

女人，把妳的聲音提高兩倍甚至三倍。

許多女人不了解只要說對話，就能讓男人達到高潮。請記得：女人的性愛熱情是燃起男人性欲的第一要務。妳們發出的聲音愈大，男人愈愛。說話、呻吟、輕柔的呢喃、流洩出愉快低沉的聲音，甚至嗯哼或尖叫，妳們的男人會很愛。

當然，最親密的噪音是聽到對方熱情而震顫地說出你的名字——也許這是最能引發性欲的噪音。說出另一半的名字，別只說：「你讓我熱起來了。」要說：「你讓我熱起來了！羅勃，我無法相信自己那麼想要你。」男人可以說：「哦，安德莉亞，妳好美。我愛妳的感覺。」

如果對你來說，性愛交談很難辦到，不妨試試：下次愛愛戴眼罩。移除視覺可以幫助你強調聲音。描述你正在做或想要完成的事，也就是只透過語言溝通，假以時日，「語言愛撫」就會成為性愛遊戲中的一部分。

我知道，有些人會想：可是，李曼博士，我的孩子就睡在隔壁房間！

飯店性愛的樂趣之一是不必擔心噪音。即使在家，也可以打開風扇、空調或放些輕音樂，加強隔音效果。此外，你可能也考慮在臥房加裝隔音設備。有幾種選項並不如你所想的那麼貴，如果這麼做能讓你在臥房內更無約束感，那實在是一項有價值的投資。

如果妳在他耳邊低聲說些挑逗的話語，孩子們絕對聽不到，但他永遠忘不了！

## 吹氣會讓他心癢難耐

想要給另一半來一次特別招待嗎？下一次要親吻她的胸部時，後退到能夠對著她胸部吹氣的地方。如果你太靠近，你的氣息會感覺很熱，多後退一點，再輕輕吹，會讓你的氣息感覺涼涼的。那是一種快樂的感覺。

女人啊！口愛時，妳也可以對男人的陰莖這麼做。

不過男人可要小心！老婆懷孕時，對著她的陰道吹氣是很危險的。

## 玩一場性愛遊戲

在這節裡，我們來看看性愛的輕鬆面。儘管我相信性愛是非常有意義且神聖的行為，還是要面對這個事實——性愛也可以很好玩！下列幾個構想，可以將歡笑與性愛組合在一起。

### 專注力情挑遊戲

如果你決定輕鬆面對性愛，不妨試試：當你們一起躺在床上，由其中一人選擇一項挑戰。例如：「我打賭，我能夠念出「台」開頭的地名比你多。」

乍聽之下，你會覺得這個遊戲既簡單又無聊，那是因為省略了一些細節。首先，你們都不能穿衣服。第二，問問題的一方可以自由地在對方身體上做他（她）想做的事，使對方「分心」。可以舔，可以親吻、吹氣或用其他有創意的方式。

### 脫衣桌上足球

一天晚上，妻子決定用一場遊戲挑戰正在看電視的丈夫。老公並不那麼感興趣，直到她說：「如果每輸一分，輸家就要脫掉一件衣物，怎樣？」

玩這個遊戲的男人幾乎不會感到無聊。妻子頗為訝異，丈夫見過她的裸體不知道多少次了，不過親眼目睹一件件慢慢脫掉，仍舊是個刺激的舉動。

也許妳沒有足球桌。那何不利用孩子的拼圖、某個簡單的遊戲或老式撲克牌？你不喜歡撿紅點？行！那麼，玩蜜月橋牌如何？

## 食物與性的完美組合

我笑看著那名年輕人的侷促不安，一邊問他：「你要帶我女兒去哪家餐廳啊？」

「喬的牡蠣店，」他回答。

「是家海鮮餐廳，沒錯吧？」我問道。突然間，室內溫度一分鐘內增加了十度。「喬的牡蠣店」很有名氣，顯然是以店裡的牡蠣聞名，而牡蠣是知名的催情劑——這類晚餐是設計來降低年輕女子的自制力。

「是的，是海鮮餐廳。」一大滴汗從他的前額掉落到鼻子上。

「週五晚上那裡一定很擠，你不認為嗎？」

「我預約了，伯父。」

「預約？所以你是事先計畫好的囉？」

「我想是吧！我想你女兒……」

「你知道，『巴布的漢堡店』比較便宜。我女兒很愛好吃的漢堡。」

「是的，伯父，我正在想，也許今晚我們隨便吃吃就好了。我會取消預約。」

「嗯，我這裡剛好有電話可以打……」

這位年輕人和我都知道我們真正在討論的是什麼事。牡蠣、綠色M&M、草莓加生奶油等，有人認定這類食品有催情的力量。儘管沒有科學依據，然而性愛在心理層面造成的效果並不輸給生理層面。所以，如果你認為某種食物很性感，可以燃起性欲，它就會變成催情劑。

將食物與性連結在一起是享受兩人快樂時光常見的方式。有幾位女性作家寫道：「不少女性告訴我們，她們發現跟伴侶分享巧克力特別催情：浴缸裡的巧克力、巧克力加香檳酒、床上的巧克力。如果你認為你的伴侶特別喜歡巧克力，不妨準備一盒放在隨手可及之處。」

儘管沒有科學證據支持巧克力是催情劑，不過巧克力的確會提升腦部血清素濃度，雖然不足以直接影響性欲，但容易促進快樂和溫暖的感覺。

你也可以自己製作「可可澡」：加三湯匙可可粉、一湯匙奶粉、大量熱水，別介意浴缸有點髒，還有兩個裸體。有些人喜歡在他們的「熱巧克力」中加生奶油，到底加不加由你決定。

此外，你也可以把食物當作邀請，利用食物來設定心情。如果丈夫打開公事包，發現一小袋綠色M&M巧克力，附帶一張紙條寫著：「多吃點，下班後立刻回家！」沒有男人不會知道老婆的腦袋裡在想什麼。如果男人帶著草莓和生奶油走進臥房，大部分的妻子也會很快明白那是什麼意思。

當然，不只你吃的食物可以設定心情，怎麼吃也可以設定。降低照明度可能是美妙的魅惑體驗。如果孩子不在家，或者你們在飯店房間內用餐，就調暗光線，兩人全裸用餐！

一個妻子知道老公會在下班途中嚴重塞車，這時，她打手機給老公，說要好好犒賞他。

「親愛的，我有些壞消息。」她說。

「什麼壞消息？」

「今天好忙亂，所以家裡沒有乾淨的盤子。我們有兩個選擇。」

「哪兩個？」

「嗯，我們可以到外面吃，或者你可以趕快回家，用我裸露的腹部當盤子。」

那個男人會以破紀錄的速度回到家！

不管穿衣與否，互餵對方吃東西是相當訴諸感官的體驗，兩人共同吃著一盤食物也有同樣的效果。共用一套餐具是非常親密的事。你們必須坐得非常近，而將食物放入另一半口中的過程更是強而有力的親密行為，能夠引發各種美味甚至獸性的熱情。

跟我共事過的一名男子告訴我，他曾經帶老婆上舊金山的一家餐廳吃飯，那家餐廳專門迎合想要悠閒吃晚餐的客人。慢慢來，各個雅座稍微隔開，氣氛非常浪漫。我記得他告訴我他如何餵老婆吃東西，他把食物輕柔地放進老婆口中，結果她說：「下次把手指頭放進我嘴裡吧！」這讓他大感吃驚。

「那又怎樣？」我說。

「凱文，你不懂，那實在很刺激，令人性欲大起。」

關於吃，實在含有幾分感官之樂。

## 你（妳）想知道的性愛問題

儘管我喜好多變，然而有些男女可能做過頭了倒是千真萬確。現代科技提供了許多伴侶要謹慎選用的選項。在這方面，幾則最常見的問題如下。

### 可以使用包括振動器在內的性「玩具」嗎？

《聖經》裡並沒有禁止使用這類增進夫妻感情的用品，只要過程中沒有矮化任何一方或沒有人不願意。若要讓婚姻多變化，偶爾使用玩具是個很不錯的點子。不過，一般而言，大多數女性會發現，這類高潮在情感上得到的滿足遠不如身體的接觸。以心理學家的角度來說，你會發現這類輔助玩具偶爾好玩，但無法建立持久的親密關係。

### 可以肛交嗎？

我很驚訝常被問到這個問題。我不知道男人從哪裡找到這個點子，可是這逐漸演變成一個議題，愈來愈多人關心，一般是男人渴望且要求如此做愛，而女人極不情願。

我認為一部分的誘因在於，對某些男人而言，他們認為這麼做可能會替婚姻增添趣味。無論如何，上帝設計陰道的目的在接收陰莖，陰道是專門用來性愛的。坦白說，肛門不是。

肛交會受傷。沒錯，有些女人會擴張那地帶的肌肉，好容納男人的陰莖，可是還有衛生等各方面的擔憂尚待釐清，因此肛交成了許多人關切的問題。女人的直腸區很可能撕裂，造成疼痛及令人難堪的疾病，她要如何對醫師說明這點？而且當你考慮到痔瘡（七〇％的人在一生中某個時間點會遇到）及類似的問題，最好還是別肛交。

對此，男人有必要放棄這樣的期望或幻想。當女人說：「我希望在我們做愛過程中保持實驗及多變，可是我就是不想要做這件事。」這是合理且可以理解的。

## 可以一起觀賞A片嗎？

沉迷於色情影片是我們所知會上癮的事物之一，也是人類所知最強而有力的癮頭之一。絕大多數租借色情影片的是男人，而許多伴侶決定租借猥褻影片只是為了「增添樂趣」。

我認為這是非常危險的行為。首先，為什麼老公無法因為跟妳在一起而感到滿足？為什麼男人想看其他女人裸體呢？我是一個性欲強的男人，可是除了珊蒂，我不需要任何事物來幫我燃起性欲。事實上，我看著五十多歲的妻子操作洗碗機就能產生性興奮！

第二，以心理學家的角度來說，一起觀賞色情影片可能會使感情走下坡。

如果妳嫁給一個男人，他的心理設定是：「如果能讓我們熱起來，任何事物都可行，包括所有下流的事。」那麼，你們最後會做出一些非常有問題的行為。因為色情影片通常會令男人上癮，而色情影片可能不會令女人上癮。不少妻子承認，觀賞色情影片的確容易讓她們進入「那樣的心境」，可是我問她們，以整體和長期來看，對你們的婚姻是好是壞？觀賞色情影片並不會讓另一半對妳更好。不妨鼓勵他多花時間在孩子身上，或多幫忙做家事……那些事會令大部分的妻子更渴望她們的丈夫。

對於這點，我有項理論：你不應該養成自己不想要的習慣，這個習慣會讓人變得更苛求，也許更瘋狂。

這個理論是合乎常情的，因為女人最後會拿自己和電影或雜誌上的女人做比較。只要是女人，都會這麼做。在那種情況下，女人會感覺自己被愛、被珍惜到什麼程度？她是否感覺到受敬愛？還是私下懷疑男人是否敬愛她？當男人閉上眼睛時，是在幻想跟她做愛嗎？

關於色情影片，另一件真正困擾我的是：大多數涉及色情影片的伴侶，最後都會感受到我所謂的「喔喔」現象，內在的震動就是發出哪裡不對勁的訊號。最好密切留意那樣的心神不寧，通常那是我們的良知試圖保護我們的訊號。

## 讓性愛創造兩人的親密感

已婚性愛為性親密的高峰提供穩固基礎。因為你們承諾對方，至死不渝，因此永遠不會受到試煉。如果有助於性愛樂趣的「好點子」，你們應該毫不恐懼。如果在特定的季節，性愛強度冷卻了些，你們也不必擔心對方想離開。

此外，如果你多半只想用平易傳統的傳教士體位，也不需要道歉。期望每一次性愛體驗都會帶給你騰雲駕霧般、如夢似幻的高潮是不切實際的。性親密是由愛的玩樂時光構築起來的；是漫長、緩慢和訴諸感官的時光；是興奮而刺激的愛；是熱情的愛。

請不要覺得，每一次一跳上床，就一定要有許多花樣。你喜愛某些體位，理由是：因爲你喜歡！享受一成不變的性愛、興奮的性愛、快速的性愛、緩慢的性愛和出其不意的性愛。照單全收，全都欣賞，讓性愛創造你與另一半之間的親密感。

# 11

# 讓人倒胃口的性愛禁忌

抛開那些令人倒胃口的事物，打破性愛禁忌！享受著性愛的每．一．分．鐘。

我抽的第一根菸是總督牌（Viceroy），當時我只有七歲。那時的我約一二〇公分高，不過嘴裡叼著那根白色香菸，讓我覺得自己比籃球明星威爾特．張伯倫（Wilt Chamberlain）還高。

那段插曲開啟了連續十四年的習慣，並在我十二歲那年開始加速進行。

夏天時，開車經過的人往往從車窗內扔出菸蒂，當時，我的朋友和我爭相過去撿菸蒂，快速地把剩下的幾口抽完，不剩一點菸草。

我也「回收」老爸的幸運牌香菸（Lucky Strike）。清理家中菸灰缸是我的工作，我很樂意做這件事，將剩下的菸蒂放入口袋，以便日後享用。

最近，有人問我何時戒菸及為何戒菸。

是擔心肺部受損嗎？

不是。

因為買菸要花不少錢嗎？

在我那個年代，一包菸才六元。直到政府發現香菸稅是名符其實的印鈔機。討厭菸味嗎？

錯！即使今天，在我戒菸後三十年，我還是記得飯後一根菸，那味道有多美好。

所以，是什麼原因讓我戒菸的？

我愛上了一個名叫珊蒂的美麗女子。從剛認識時的對話，我得知珊蒂會上教堂做禮拜。喔喔，我心想，抽菸可能會是個問題。

有一次才開始約會，珊蒂聞到我的菸味，「噁！」她說：「你有抽菸！」

戒菸原本是不太當真的挑戰，可是我瘋狂愛上這個女孩，不想冒任何風險。所以，那是我抽過的最後一根菸。我愛沙龍菸（Salem），可是我更愛珊蒂。

從心理學與生理學上來看，尼古丁會上癮是真的。

可是為了我與珊蒂的關係，我願意放棄我的白色小朋友們。我不要讓過去的歷史或習慣偷走我的未來。

關鍵就在這裡：你要讓過去的歷史或習慣偷走你的未來嗎？

我們已經談過你在性愛方面的過去，本章則要看看你要如何不再想那些會令你對性倒胃口的事。如果性愛對婚姻的重要性就如我相信的那樣，那麼懂得如何在床笫之間減少阻礙就很重要了。你不會擺脫不了偷竊性愛自由的思維模式，你可以反擊。

## 家庭教育會壓抑你的性愛

諮商人員是我早先做過的工作之一，當時跟新婚夫妻合作，要他們切斷與父母親之間的裙帶。你必須先離得開才切得斷，而女性尤其不容易做到。有時候，夫妻會培養出妻子所擁有的性愛禁忌，而當我們探索為何會有這樣的問題時，妻子會說：「可是如果我媽或爸知道我那樣做，該怎麼辦？他們會吐出來！」

珊蒂和我生下我們最小的孩子時，年齡分別是四十七和四十九歲，我們最大的孩子第一個想法是：嗯，你們兩個該不會還在做那檔事吧？他們知道我們至少愛愛五次（因為我們有五個孩子），然後暗忖，可能在我們決定慶祝週年慶時，又做了另外五次愛，所以總共十次。那個數字很接近我們每週做愛的最高記錄！

然而與你的父母討論特定的性愛可能不太妥當，你真的不知道是否會冒犯他們。相信我：可能你的父母親已經把你以為連提到都會令他們顏面盡失的小練習做得盡善盡美了。

其二，即使你確實知道這麼做會令父母不安，那又如何？該是切斷裙帶的時候了。只因為你的雙親想要退而求其次，為什麼你就應該跟他們採取同樣的做法呢？是時候了，該拋開那些令人倒胃口的事物！

有些讀者可能成長在超級傳統的環境裡。他們在人生早期得到的訊息是：性愛是錯誤、骯髒、糟糕且噁心的。但你知道嗎？性愛可以是那樣，尤其是婚外情。可是性愛原本的設計並不是如此。在婚姻契約的保護及掩護下，性愛是一份偉大且美好的禮物。不幸的是，這樣的知識不一定能幫助從小就被灌輸該避談性事的女人。

請每一位為人父母者注意：關於性愛，你傳達給兒女的是什麼？我希望你不是說性愛是壞事。坦白說，終有一天，孩子會發現事實並非如此。你會讓自己陷入非常糟糕的處境，因為從那天起，孩子會認為：爸媽根本一無所知！

我跟一對夫妻談話，女方的家庭背景超級傳統，於是我先跟丈夫談。丈夫必須看穿妻子的心思，了解妻子對性愛有多害怕。這部分沒有選擇的餘地，他必須成為極其溫柔且有耐性的情人。他要懂得接受妻子所能給予他的小小貢獻，並懷著感恩的心，把注意力放在她正在努力的事情上，而不是記掛著她不要做的事。

然後我才跟他老婆談。如果我認為能應付，我會說些具震撼力且直言不諱的話，讓她能夠記住：「瑪麗安，在我看來，眼前妳有兩個選擇：要麼是妳和妳老公有性愛韻事，不然就會有其他人介入。」

有時候，像這樣的話真的會讓年輕女子生氣。「你怎麼可以這樣說？如果他那樣做，我絕對不會嫁給他！」

這個女人把自己的婚姻放進安全的盒子裡。當然，我會懇求她老公不要外遇，可是她漫不經心地拒絕了丈夫定期的求愛，又期望他要忠實可靠。大部分有信仰又正直的忠誠男性會奮起面對挑戰，可是不幸的是，不少男人不會這麼做。為什麼要冒這個險呢？

然後我們談到一連串細微的步驟，讓這名女性可以逐步解開心結。我通常會給她一份閱讀作業：〈雅歌〉。

然後，我要求她刻意並且勇敢地做些可能會令她不舒服的事。買套連衫襯褲，穿上！在燭光照亮她身體的環境中做愛。採取女人在上體位。主動提出性要求。

透過一系列細微的選擇，女人會逐漸擺脫負面的印記。等她看到丈夫的回應，就會懂得伸出雙臂迎接性愛要比停工更為滿足，不過她的想法要等她開始做出不一樣的事才會改變。

幸運的是，我見過許多女性因此有很大的進步。這種事從來不是一夜發生的，不過如果女性如實地繼續做著那些細微的選擇，她們終將明白，美好的性生活對丈夫很重要，何況她們也覺得很好玩！

一位妻子帶著會心的微笑告訴我：「誰曉得啊？」當時的她無法相信婚後十年，她和丈夫會做這樣的事，可是現在，她享受著性愛的每・一・分・鐘。

## 性愛糾察隊：宗教

我二十歲時，敬畏上帝的正派女人不會在公開場合提到「懷孕」這樣的字眼。如果妳是老師，一旦肚子大了，即使妳已婚，學校還是會資遣妳。看過重播的《我愛露西》（*I Love Lucy*）嗎？注意到劇中那些單人床嗎？

當時就是這樣，宗教委員會竟然要審查好萊塢的電影。即使你不是在這樣的社會裡長大，你媽或你爸卻是，而且他們助長了某些禁忌的傳承。

經過兩個世代，我們的文化走了好長一段路，來到性開放的時候，這是我們的祖父母無法想像的。這帶來了某些正面和負面的效應。

儘管有些教會和猶太教堂努力宣揚這個嶄新的性愛開放觀念，然而還是有許多人停留在一九五〇年代。我定期在國內某些大型教會演講，幾乎沒有聽過一場開誠布公談性愛的討論會是由教會主辦。甚至在二十一世紀初期，就是沒有人見到教會和性是被擺在一起的兩樣東西。好玩的是，當我把性愛主題帶進教會，讓人們討論性愛並發問，觀眾是如此欲罷不能，他們根本不想回家。而這些觀眾就是嚴厲斥責牧師正午十二點零三分怎麼還在布道的那些人。

我認識不少女性想利用宗教做為逃避和丈夫愛愛的藉口。「我不想做任何反傳統的事。」一個女人對我這樣說。

「譬如呢？」我問道。

「譬如要我在上面，就是覺得不自然。」

是的，有些人的性愛觀很狹隘。她們認為性愛只是為了繁衍後代。如果妳抱持這種觀點，恐怕早就讀不下去了！可是妳還是可能受到傳統宗教些許的影響。

史蒂芬．史旺巴赫（Stephen Schwambach）牧師提供了一些偉大的建議，讓擔心婚姻範圍內的性愛表達可能冒犯教會牧師的人有依據可循。他提到：「當你得知牧師相信《聖經》其實允許夫妻享受的性愛自由有多廣泛，可能會令你目瞪口呆。」

「深深的法式接吻？這主意很棒。口愛，也沒關係。點著燈做愛？絕對可以。畢竟，上帝創造光，也創造性愛，為什麼不兩者一起使用？生奶油和草莓？嗯，只要你不是在溫布頓（Wimbledon）的中央球場吃，有何不可？」

基督教義所及，夫妻之間的性愛體驗在創意和喜樂兩方面其實沒有限制。在猶太教中，每一位已婚女子被授予三項基本權力：食物、衣著和性愛表達（稱為onah）。上帝告訴我們，兩個已婚的成人在彼此面前其實可以完全自由、放任，只要沒有人會受傷或遭貶抑，且兩人都是懷著感受性與愛而行動。

當然，你可能會聽到不同的說法。不少所謂的基督教領袖自詡是教會的性愛道德糾察隊。我相信這類領袖絕對忠於《聖經》，而《聖經》清楚地禁止賣淫、任何婚外性行為、同性戀等等。但是在婚姻範圍內，只要兩方都沒有受傷，《聖經》的禁忌其實是保持緘默的。

## 不要讓閨中密友影響妳的性愛關係

有些女人因為想到女性朋友說的話而卻步。「群體思維」在女性朋友圈內影響相當大：「哦！艾美，我無法相信巴布會要求妳那樣做！我的喬治絕對不會來這種旁門左道。妳這可憐的女孩；我幫妳點杯拿鐵好了！」

首先，除了專業的諮商師，絕對沒有必要跟任何人討論妳的性愛。妳想要大大倒胃口嗎？對男人來說，這可是最大條的一件。男人認為，妳跟其他人談論性事，是一種不貞的行為，尤其妳的交談對象是他的親戚。

第二，針對朋友的意見而倍感威脅的女性，以下是史旺巴赫的忠告：

假設妳的女性朋友蒐集了一長串的性愛偏好清單，而且從不願意把這些清單提供給她們的另一半。這是值得驕傲的事情嗎？或者這不過是一件糟糕透頂、自私、短視的憾事？由於她們反常的「女性尊嚴」，她們可能嫁給了得不到滿足的男人。可是妳對丈夫的愛永遠不會讓他經歷到跟她們的丈夫一樣的痛苦。

如果妳必須以這樣的思維思考，就盡情地這樣想，並替妳的女性朋友們想想其他出路：「如果朋友知道我願意為老公做的事，她們會刁難我。可是如果她們願意像我一樣，樂於對待她們的丈夫，那麼她們的老公很可能會付出些什麼！」

如果妳真的擔心別人會發現你們所做的事，那就不要告訴任何人。沒有人有必要知道。不要讓臥房以外的人偷走或減損你們在臥房內建立的歡樂與親密。

把密友們踢出妳的床！當妳熱情地愛著妳的伴侶時，不妨把她們踢出妳的腦海，專注在給予另一半最大的歡愉。

## 拋開個人壓抑，享受吧！

性愛歡愉的另一個壓抑因素是難為情。可能妳老公希望妳表演脫衣舞，或者你老婆希望你讀詩或唱歌給她聽。一部分的你真的想為對方這麼做，可是你一想到就覺得難堪而做不到。你認為你做不到。事實是，當你為了與道德或冒犯及貶抑無關的事而退縮，等於是從你的另一半那裡竊取了某種權利。你的伴侶跟你結婚，當然期望你們充分享受性愛的親密和歡愉。難為情是一回事，可是讓它持續掠奪另一半的性愛樂趣和享受又是另一回事。

史旺巴赫補充：「當你真正思考這件事……你必須解釋，為什麼你選擇剝奪心愛的人的親密樂事，當你的伴侶放棄其他人而選擇你為終生伴侶，他絕對有權利期望屬於他的東西。」

有時候，我們需要強迫自己成長，對你來說，這可能是其中一個時機。

要做到這點，最好的方式是重新考慮另一半從前提出的要求，當然你所想到的可能會更好玩——開燈做愛、裸體進餐等等，只要你不再難為情。現在輪到你來培養氣氛。當你主動要求你曾經拒絕的行為，你不會相信另一半掛在臉上的微笑有多燦爛。他或她的心會澎湃，會覺得非常愛你，因為你踏出了勇氣、親密和愛的一步。

另一種個人抑制是對於舉止得體的認定有誤。有些人就是從來不改變，他們從來沒有了解到，他們認為在公開場合不適當的事，私底下可以相當得體。

我參加過許多座談會和公開演講。當我週日早上出現在教堂時，他們要我穿西裝，或者至少穿一件西裝外套加領帶。週六下午，我去觀賞我心愛的亞利桑那野貓隊（Wildcats）的足球賽時，最不可能穿的就是西裝。我比較可能穿亞利桑那運動衫。

在不同的事件中，我的表現也不一樣。亞利桑那隊得分時，我會從座位上跳起來，尖叫吶喊，揮舞雙手。回到教堂，一場成功的演講過後，我不會吶喊，因為這時就是不該這樣做。現在，穿西裝是對或錯？就看場合。我該不該加入鼓譟的群眾？就看我的身分。

同樣地，床笫之事也一樣。在陌生人面前露胸或乳溝等部位就不得體。可是，當妳和另一半獨處，以那樣的方式引誘他就顯得相當美好：「親愛的，你想要吧？全都是你的！」

當一位伴侶在錯誤之處執著於「得體」與否，問題就出現了。端莊不只是一個好點子，還是《聖經》中的命令。使徒保羅在這方面講得很清楚：「我希望女人舉止端莊。她們應該穿著體面且得體的衣物，而且不要讓自己成為焦點（〈提摩太前書〉〔1 Timothy〕第二章第九節）。」換句話說，不要穿著緊身睡袍或低胸衣服上教堂。

但是在臥房內，得體完全是別的意思！保羅告訴妳們在公開場合要遮掩的胸部，現在是用來燃起丈夫的性欲：「她秀麗可愛，像母鹿。讓她的胸部永遠滿足你。讓你永遠沉醉在她的愛裡（〈箴言〉第五章第十九節）。」根據凱爾（Keil）和德里茲（Delitzsch）這兩位舊約聖經注釋者的說法，希伯來語在這裡清楚地指出「感官的愛」。這很高明！這兩位注釋者堅持〈雅歌〉「在這裡談到道德上允許的愛戀狂喜……愛的強烈度與大量快樂的感覺是連結在一起的。」

有些女人和男人，尤其是來自信仰非常虔誠的家庭，偶爾會難以將公開場合的得體切換成私底下的得體。公開場合的得體是必要的，但私底下不適當的「得體」對你的性生活卻可能有致命的影響。學習放下，甚至要放寬界線。

《聖經》以許多方式教導這點：不要讓伴侶以外的人以任何方式享受你們性愛的魅力，但是要對你的丈夫或妻子全面展現那些魅力。將你所有的性愛請求導引到一個方向。當其他人的性欲被燃起時，就要築起水壩，不要讓涓滴細流漏到牆外。可是當你在關閉的房門內與伴侶獨處時，請打開防洪閘門，讓水全力奔流。

## 了解彼此的性愛禁忌，成熟面對性愛

我們學習到其中一種行為是：人生是一連串的選擇。有些理論家甚至認為，精神病是一種選擇——你選擇沮喪或不要沮喪。

有人說，愛的觀念主要是一個決定。感覺來來去去，用思想加以灌溉並培養是保留感覺的唯一方式。你選擇將自己毫無保留地獻給這個人，或者不管為了什麼理由，你選擇退出。如果你選擇退出，你們都是輸家。婚姻是自願相互順從。一旦將婚姻無私地實踐出來，就是喜悅的實相。當一方或雙方開始將對方阻絕在外，情況將很悲慘。

一旦你在家人和朋友面前說：「我願意。」就不要在夜晚轉身說：「我不要。」太多婚姻發生這樣的事。我希望不管讓你倒胃口的事情是由於個人創傷、雙親的養育、宗教的錯誤觀、難為情或任何其他事情，你可以有所進步，如此你的性生活便能隨心所欲。

最起碼，要誠實。不要對自己說：我做不來。而是要承認：「我不要做那件事。」或「我不想做那件事。」事實是：你可以做到那件事，可是你選擇不做。

如果你的伴侶有些性愛禁忌，雖然那些禁忌牢不可破，你還是可以透過了解和耐性幫忙對方，鼓勵他或她找專人輔導。

一個深情的伴侶會說：「親愛的，我們一起來解決這件事。」你們都朝著在婚姻內自由表達性愛的目標而努力，總有一天成熟會屬於你們。你們的品味會改變。

回想國中一年級，我坐在播放自動唱片點唱機的那家餐廳裡，吃著我的糖衣甜甜圈，喝著磨砂馬克杯裝的沙士，同時抽著我爸的幸運牌菸蒂，當時認為自己好酷。可是等我長大，我發現了更好的事情。當你十二歲時，是以雙層起司漢堡、熱軟糖聖代和巧克力奶昔評斷一家餐廳。十五年後，你可能是以蛋黃龍蒿醬（bearnaise sauce）來評斷一家餐廳。

這全都跟成熟有關。你們今天是這樣的夫妻並不代表明天也是。我希望你們更相愛、更慷慨、更親近彼此、更自在地在床笫之間表達愛意。

# 12 性愛最大的敵人

女人充滿想像力，會讓男人精神一振，提槍上陣！男人為女人設想每個細節，女人才能享受性愛。

我認識的夫妻中，鮮少有人不渴望滿足且有意義的性生活。甚至是已經失去所有性趣的個人，當他們坦誠面對時，通常還是希望可以找回當年的性趣。

如果每一個人幾乎都想擁有更好的性生活，為什麼在這方面覺得滿意且滿足的人卻少之又少？性愛最大的敵人不是體重增加，不是資訊不足，也不是財務困境或滿屋子的小小孩。隨著威而剛的問市，甚至陽萎也不是問題。

事實上，對女性而言，性愛最大的敵人是……疲倦。

一本女性雜誌做了最好的詮釋：

當妳忙碌、疲倦、緊張時，最不想做的第一件事是什麼？如果妳的答案是性，那妳並不孤單。據估計，有兩千四百萬美國女性說她們沒有時間，太累了，或者就是沒心情做愛；超過三分之一《紅皮書》（*Redbook*）讀者表示，太累是她們不做愛的第一名藉口。所以我們將性事延後——但是延後很容易變成永遠不做。假使妳不留意，禁欲其實並不會讓妳變得更熱情，只是導致更加禁欲。

另一方面，性愛衍生出更多性愛。研究顯示，做愛提升腦部與渴望相關的化學成分。所以，要增加妳對性愛的渴望，最好的方式就是做愛。

我們就是太忙了。我輔導過的許多家庭可以輕易刪除家中半數的活動，但還是覺得累。這一點都不誇張。大部分來找我諮商的家庭往往很驚訝我可以把他們的行事曆剖析得淋漓盡致。當我們以賽車般的步調生活時，性愛就變成首先被犧牲的事情之一。再次提醒，如果你們想改善性生活，有必要檢驗臥房以外的關係。你們正在做的什麼事讓你們遠離性行為？

《紅皮書》雜誌在該網站做了一次民意測驗，其中問道：「有一小時的空檔，你會做什麼？」超過一萬名的男女回答。八五%的男性和五九%的女性回答做愛，以男性和女性來說，都占絕大多數。只有十二%的女性選擇逛街或補眠，其餘的是看電視、運動、閱讀和吃東西。

這件事告訴你什麼？如果你有額外的時間，大部分的人不會去購物中心。你不會找書看，或打開電視或上健身房。你會和另一半裸裎相對，而你們的婚姻會因此更好。

伴侶該如何克服疲倦的效應？

## 再忙，也要愛愛！

如果你真的想讓家庭生活和性生活更有意義，就必須放棄幾件事。不要每天晚上瞎忙，如果你一週超過兩個晚上不在家，一定會付出代價。

有人這樣問我，害我差點笑出來：「可是如果我堅持一週不能外出超過兩個晚上，孩子難道不會因此錯失許多機會嗎？」我笑，是因為孩子真正失去的是家庭時間。當人們前來找我諮詢，談到他們的童年時光，沒有人的美好回憶是：星期一外出參加童子軍，星期二和星期四踢足球，星期三上教堂，星期五參加學校的比賽。人們所珍惜的回憶是全家待在家一起看電影或坐著聊天的夜晚。

難道妳和妳老公經營家庭計程車接送服務嗎？「好吧！傑若米，你該早早下班，去接學芭蕾舞的溫蒂了。」

「為什麼？」

「我要去接上網球課的丹尼爾。可是你要讓溫蒂提前十分鐘下課，因為珍妮佛要去青年團契，如果你等到溫蒂上完課，就會來不及……」

這種對話若經常出現，妳怎麼可能期望培養出深情、親密且情感上滿足的關係？慢下來，在妳的日曆上刪掉某些事情，給做愛留些時間吧！

事實上，我直截了當說：如果妳一週沒有與另一半至少做愛兩到三次，妳就太忙了。

## 去度假！來一場兩人性愛時光

一個女人在調查問卷上寫著：「要是我老公和我在我們的關係上投入更多時間和金錢就好了。離婚的代價昂貴多了，而且對孩子造成的創傷遠比偶爾週末外出度假多！」

可惜的是，太多夫妻在經歷離婚遽變後，才了解這點。

我知道你的孩子可能因為錯過一場賽事而大發牢騷；你可能為了追加週末過夜加早餐的飯店費用而預算吃緊；找人幫忙看顧孩子的確頗麻煩。可是身為夫妻，你們就是必須出外度假。

至少一年一次，我認為度假的好處主要是為了做愛。找個週末，在飯店房間裡消磨時間。享受這個假期——甚至在你們出門前一週禁欲一陣子。計畫一場性愛盛宴，沒有拒絕，也沒有難為情。你可以回顧第十章的情愛蜜招，仔細想想為你們的愛情生活加料的方法。也許妻子會初次「剃毛」；也許丈夫會藏一袋花瓣，在他的愛人沐浴時，將花瓣撒遍床上；也許妻子會訂個有鏡子的房間；也許丈夫會帶著一些腿部按摩乳液。

孩子們一開始可能會怨聲載道，但最後他們會感謝你們彼此相愛的承諾（當然，他們永遠不會知道你們外出的真正原因）。

## 妥善處理時間衝突，才能放心享受

住飯店可能會預算透支。事實上，有些家庭連雇個保母都會壓力大到忍不住抱怨。

如果你的情況就是這樣，找一對經常跟你們輪流照顧對方孩子的夫妻。如果你知道事情來得太匆忙，打電話給茱麗亞說：「茱麗亞，卡特和我真的需要獨處幾小時，不要小孩在身邊。妳今晚五點到七點可以幫我照顧孩子嗎？」

茱麗亞可能會問：「計畫一點傍晚的喜悅，是嗎？」

妳可以回答：「我會很樂意明天或下星期找個時間回報妳。」

男人如果覺得老婆太忙，無法真正享受性愛，拿一張值三小時的打掃房子服務折價券給她來個驚喜，安排別人來照顧孩子，讓老婆在這一生中享受一次晚上十一點以前的性愛！想像一下，對她而言，不必重新提振精神，那感覺有多好。不必吸完地毯、準備好晚餐、洗完碗盤、幫小孩洗完澡、哄他們上床之後，還要試著不要因過度疲勞而睡著。

男人！照顧好每個細節，好讓你的女人能夠真正放鬆，享受性愛。

當女人最困難的事情之一是：每一個人都想要妳的一部分。妳老闆需要那份備忘錄；教堂一週一晚找妳幫忙；孩子們要去三個不同的地方；老師想要一位輔導助手。為了存錢給孩子上大學，妳還要另外兼個直銷事業賺外快。

假使妳的生活有一點像這樣，我可以告訴妳，如果妳老公坐在我的諮詢室中，會跟我說什麼。他可能使用不同的字眼和比喻，但是本質上，他會說：「如果我幸運的話，在晚間新聞和大衛・雷特曼（David Letterman）的節目之間會有空檔做愛。」

好的婚姻和家庭生活是值得有所犧牲的。為婚姻中的性愛保留時間（姑且不談只為孩子們保留時間），你要做的事可能沒幾件。你可能必須開車開個十年或十年以上，你可能必須放棄昂貴的度假。你可能必須湊合著使用別人用過的舊東西，或在舊貨店購物而不是去百貨公司購買孩子的返校用品。

不過犧牲是值得的。我並不是隨便說說，因為我知道對有些人來說，放棄「人生中比較美好的事物」真的會受傷。在這樣的犧牲背後當然會遇到困難，但我還是認為你會因為投資更多時間給家庭，而感受到最大的滿足，即使那意謂著銀行戶頭的錢會銳減。

## 缺乏想像力的女人，會讓男人疲軟不堪

對大部分男人來說，筋疲力竭並不是性愛的最大敵人。如果我們撐三十六個小時都沒闔眼，可能會打瞌睡，可是如果妻子摸對了地方，咻！我們就準備發射了。

對大部分男人來說，性愛最大的敵人是老婆缺乏想像力。如果男人沒有感覺到被追求、被需要，或是他們的妻子不能或不願意溝通，不能或不願意說出她有多享受跟老公在一起，她有多想要老公的身體，那麼男人便會失去興趣。

妳的丈夫希望被需要、被想要、被看重；在這方面他像個小男孩。

對妳來說，以這種方式對待妳老公需要時間、精力和遠見，過度忙碌的女人不會擁有這些東西。不過諷刺之處就在這裡。以這種讓人滿足的方式被愛的男人，當妻子打電話給他，要求他回家經過雜貨店時買牛奶，即使他早過了那家商店三公里，還是會折回去買到牛奶，在這個過程中，給自己更多時間吧！

當妳老公說：「沒問題。」那是因為他想要取悅他的女人。如果他感覺到被愛且受重視，他會為妳擊倒牆壁。

只要記住——如果妳想要美滿的性生活，必須妥善處理妳的行事曆，為悠閒而有創意的做愛保留時間。

# 13

# 訓練你的性愛智商

你知道哪一種誘惑最令你的伴侶興奮？在許多婚姻關係裡，這些基本的事情時常被忽略。別忘了！找出伴侶最想要聽你說哪一種性愛語言。

你知道有多少這類書籍提出過性愛智商這個問題嗎？那些書寫得好像人們缺乏基本的性知識。雖然我發現我輔導過的幾對夫妻的確是如此，但真相是：這個世代可能是有史以來，獲得最多性資訊的世代。

不過，令人遺憾的是，許多夫妻會忽視伴侶的特定偏好。為什麼會這樣？

## 你知道另一半想要什麼嗎？

其一，我認為過去的性愛經驗會產生不良後果。男人以為他了解「一般女性」是何模樣，導致他無法發現另一個女人（或他的妻子）真正的樣貌。男人認為自己是風流浪子唐璜，卻不知道身邊的女人在性愛方面的興趣、恐懼、希望和幻想。

同樣地，女人或許知道如何取悅大學時代的情人，但這不代表同樣的方法可以取悅另一半。如果她有過許多情人，甚至會因為過去的記憶而陷入困惑。

其二，我們的「資訊」多半來自媒體。事實上，雜誌是要販售的；記者並沒有跟你的另一半談過話。那些聳動的標題——「用妳不知道的神祕點燃他的欲火」，或者「全新的體位，讓她呻吟一整夜」——只為了兩個字：聳動。內容是否經得起事實考驗，有待商榷。光看《柯夢波丹》（*Cosmopolitan*）或《君子》（*Esquire*）雜誌，你不會找到另一半的敏感帶。你們必須交談，具體討論「性」；令人驚訝的是，這麼做的夫妻少之又少。我們可能比上一代讀到更多「性」知識，但是實際談論「性」的夫妻並不多。

性愛智商跟你伴侶的個人好惡有關，也跟你能否描述每一種體位有關。你可能是性感的體操運動員，可是如果你的伴侶喜歡緩慢、溫和、柔順，那些體操動作只會惹惱她。

如果你不知道下列這些問題的答案，請利用時間跟你的伴侶談談，試著找出答案。我了解許多答案可能是「視情況而定」，但是不要以此為藉口，請討論與答案有關的環境問題。

你的伴侶做愛時，偏愛全黑、有情調的燭光、彩燈或是全白燈光？她或他喜歡實驗光線嗎？如果喜歡，什麼時候喜歡？何種心情下喜歡？

你的伴侶做愛時喜歡任何特別的味道嗎？如果喜歡，是什麼香味？他偏愛哪種香水味？

你的伴侶一天當中什麼時間最喜歡做愛？你曾經在行程中空出這段時間嗎？

你的伴侶在做愛時喜歡你講話嗎？會在做愛時不斷呻吟嗎？他（她）在你們做愛前會希望

多聊天嗎？

你的伴侶有最喜愛的按摩乳液嗎？她喜歡乳液加熱後再擦，還是直接從瓶子裡倒出來？

你的伴侶喜歡性愛遊戲嗎？還是他（她）比較嚴肅？

你的伴侶最愛被撫摸（或親吻）哪三個地方？

什麼體位是你伴侶的最愛？

舉出一個另一半眞的喜歡嘗試，但你們還沒有做過的性愛方式？

你的伴侶最喜愛的性幻想是什麼？

什麼事物會令你的伴侶頓失情欲？

## 不只要愛愛，更要在性愛過程中說真話

在我的實務工作中，我發現大部分的伴侶在性愛關係中花九九．九%的時間做愛，只用○．一%談論性愛。伴侶之間可能會開性愛的玩笑，不過我指的「交談」是確實的討論，在討論過程中，你們真正交心，分享性愛生活中的愛惡。甚至看遍了對方身體的已婚夫妻，可能還是會發現，談論性愛的好惡是極端難為情，且有困難的。

當然，這種狀況一部分來自於你不曉得另一半是否會感覺不好。有誰想聽對方說自己在床上的表現不佳？而誰又想當說這些話的人？

通常發生的情況是：相當簡單的補救方法卻被忽略了。有些人忍受自己不喜歡的事長達十年以上，因為害怕說真話；他們不想傷害另一半。有些人則是在某方面自我否定多年，因為他們覺得要求那件事太過難堪。

要改善你的性生活，最好的方法是：懂得如何交談……我是指真正地交談。

茱蒂絲．賴希曼（Judith Reichman）醫師列出幾段開場白，會幫助你說出頗為尷尬或造成傷害的主題：

「我知道談論『性』可能很尷尬，可是我們都是成人了。」

「我有些事要說，可是我覺得難以啟齒。」

「你可能已經注意到，我一直在逃避可能會讓我們做愛的情境。」

「你最近似乎都不想做愛。你有什麼話想說嗎？」

「你有沒有注意到，我們每次做愛，就落入例行公事？你有沒有想過來點刺激的？」

「最近我比較沒有性趣。我不確定為什麼，可是我希望我們能談一談。」

也可以考慮另一種方式：

「這樣不舒服，但我又說不出所以然。可是，這是我的感覺……」這種軟性的方式，可以淡化指責與憤怒。另一個類似的角度是：「我可能錯了，可是……」

如果你老公的衛生習慣不太好，這裡有段開場白，人妻們可以派上用場：

「親愛的，好幾次你想跟我做愛，可是你沒有先洗澡。你上床的時候，聞起來臭臭、不乾淨，我的鼻子像獵犬一樣。我愛你入骨，也愛跟你在一起。我喜歡你剛洗完頭髮的味道，可是你聞起來常常像剛做完工作。」

「我很難開口跟你談，因為不想傷害你，可是如果你願意沖個澡，我會更願意取悅你。」這個女人處理事情的智慧是：把責任放在自己身上（我的鼻子像獵犬一樣），而她也加上了正面的看法（那會讓我更願意取悅你）。

大多數的男人應該頗歡迎這類對話。

## 親愛的，我們來點特別的？

告訴你的伴侶，你不滿意自己的性生活，這對你恐怕是最痛苦的一件事。有時候這是必須的，不過還是會造成傷害。你可能會提到許多正面的事——「我喜歡你親我的方式；我愛你摸我的方式；我好愛你很有創意。」可是那一句負面的話——「有時候，你似乎有點被動。」會變成另一半記得你說過的唯一一件事。

關於這點，有法子可解。史旺巴赫稱這句話為「十個神奇的字」。然而這當中的智慧是要把你的要求放入正面架構中，這麼做能讓你突破困境卻不會傷到伴侶，不會讓他或她認為自己不夠好。

「親愛的，我們來點特別的？」

如果你用恰當的語調說出這幾個字，還可以把它變成前戲。單是想到就顯得誘惑十足。

如果你聽到伴侶對你說這幾個字，你的反應很重要。

首先，你要了解他（她）可能要醞釀數日甚至數週，才鼓起勇氣說出口。當你漫不經心地打發對方：「你是什麼人啊？性變態嗎？」「你不是認真的吧！你在開玩笑，對吧？」這樣的回應會阻絕你們未來所有的溝通。

你反倒應該把這看作是自己的責任，至少要考慮對方的要求（只要不是不道德或有辱人格的要求）。你可能覺得聽起來不舒服，不過至少要設法讓自己表現得挺興奮，並考慮你的伴侶花了多大勇氣才把話說出來，然後設法改變措辭：

「你知道嗎？親愛的，聽到你這樣講，我也覺得很棒。這樣好了，你今天晚上上床前先洗個澡，然後……」

史旺巴赫所採用的是個很不錯的範例。比如說，妳老公是個徹頭徹尾的莽夫，而妳真的享受胸部被愛撫和親吻。千萬別說：「為什麼你老是這麼莽撞？你沒有聽過前戲嗎？」要試著說：「親愛的，我們來點特別的？」

「什麼呢？甜心。」

「我想知道如果你只對我的胸部愛愛，我會有多興奮！用你能夠派上用場的，包括嘴巴、雙手，甚至是……要發揮創意喔！我們看看能做到什麼程度。」

重點在於，女人表示了意願：我想被燃起性欲，而且我要你燃起我的性欲。那正是令男人瘋狂的地方。

當妳老公看到妳因為他的愛撫而興奮異常，就是拿根鐵棍，也無法把他從妳的胸前趕走。他會把這當作挑戰，而且一定要完成這份工作。

## 性愛誘惑心理學

與你的性愛智商有關的是，你對燃起另一半情欲的因素了解到什麼程度。研究者定出「誘惑」包含四個領域：視覺（透過所見的事物引起性興奮）、觸覺（透過觸摸燃起性欲）、聽覺（聽到聲音而心癢難耐）、關係（因情感上的照料和呵護而倍受吸引）。

然而，所有人都容易在不同的時機，因為任何一種或這四種誘惑而燃起性欲，不過大部分的人都偏愛其中一種。

問問你自己：你知道哪一種誘惑最令你的伴侶興奮？你結婚多久了？

令人傷心的事實是，在許多婚姻關係裡，這些基本的事情時常被忽略。找出伴侶最想要聽你說哪一種性愛語言。偶爾增添另一種誘惑，不過要時時採用對方最喜愛的那一種。

了解這點的關鍵在於誘惑背後的心理學。這全部攸關表現。請想一想：你和你的伴侶最近二十或三十次的性愛，是什麼樣貌？我敢打賭有些女人可以從第一次清楚描述到第二十次。你知道為什麼嗎？因為大部分的劇情都大同小異：第三次就跟第九次及第二十七次一模一樣。

伴侶一旦適應了彼此，就變成習慣的動物，而忘掉了那些迷人的小細節。

我看過許多運動比賽，而且多次親臨現場觀看。你會見到許多電視上看不到的賽前準備工作。有智慧、老經驗且成功的教練都知道，一場比賽表現出來的氣勢和實質表現有相當的關係。沒錯，你需要實質成績的支持，不過每一支隊伍在任何選手摸到球之前，都會倍感威脅，而呈現出來的氣勢會是心理上的一大優勢。

提到性愛，如何表現自己相當重要。大部分女人穿著上床的睡衣，遠比男人所期望的「實用」許多。我老婆有套長及雙腳的寬大睡衣褲，而且沒有暗門！我想，如果是在寒冷的冬天夜晚，什麼事也不會發生。不過我們不妨一窺男人的心態：

舉例來說，當你還是個年輕男孩，觀賞女子奧林匹克跳水競賽，你可能會和弟兄們聚在一起，討論某位游泳選手「令人吃驚的車頭燈」。

我們在談什麼啊？

答案是：乳頭。當男人可以透過女人所穿的布料看到女人的乳頭時，整個人就一陣癱軟，溶化在地板上。我無法解釋這種現象，不過當我們看到，便會雙膝癱軟，拜倒在石榴裙下。

有一種狀況是挑逗加撩撥，可是無法身體力行，就會實實在在變成挫折加殘忍。不過有另一種表現，那就是通往喜樂之門！還有什麼比你另一半的兩個乳頭透過緞子質料若隱若現，更為誘人。許多男人顛簸著十公里路回家，就為了在臥房內看到這幅景象。

現在要談談如何一步步建構起妳的表現。比如說，妳老公在晚上十點半聽到淋浴聲，光是水聲便讓他有點性起。當他聽到蓮蓬頭打開，心想：我的天哪！今天晚上運氣不錯喔！等妳穿著性感的新睡袍，車頭燈若隱若現地走出來，他突然變成了小男孩。

「哇！是新的嗎？」

聰明的女人會注視著老公的眼睛，彎身朝向他，讓她的胸部展現神奇的力量，然後說：「我就是為你穿的。」

光是這樣的劇情，就會讓不少男人直達高潮！

可能一整套睡衣就要花掉妳一、兩千元，不過相當值得。許多家庭花一、兩萬元買一台電視機，而這對他們的婚姻毫無助益。

我老婆珊蒂是熟練的表現大師。珊蒂送禮物給女人時，大多數女人都不喜歡打開禮物，因為禮物的包裝看來如此完美，她們認為把包裝弄髒很可恥！我曾經驚訝地看著女人持續說著珊蒂包裝的禮物，看來多麼吸引人。你應該看看我們家聖誕節的晚餐餐桌——不只是食物好，看起來「好到沒話說」。

事實上，人們從一百多公里外開車到土桑市造訪我老婆的商店「破舊海蒂」。為什麼呢？珊蒂知道如何表現老東西，這一點讓其他女人望塵莫及。珊蒂可以用再合適不過的材質，將舊燈罩修復成一件藝術品。Target商店也賣燈罩，可是沒有太多人會開一百公里路到Target商店買燈罩。為什麼呢？這一切都歸功於「表現」。

> 女人啊！學習如何表現自己——如何包裝自己，包裝妳的房間，包裝那一刻，專門為另一半特製的誘人時刻。

男人呢？我們已經談過你要有良好的衛生習慣。當你穿著襪子上床，或是穿了一整天的內衣舒服地蜷縮在被子裡，你並沒有完全展現你的性愛訴求。

請牢記在心，你在另一半面前的「表現」，不僅止於你的身體。你可以在車庫中做愛，甚至沒注意到汽油桶和躺在你腳邊的髒汙榔頭——但是她可能不是如此。人妻們能夠以誘人的方式表現自己，出浴時穿著讓胸部若隱若現的衣物，所以人夫們也要以誘人的方式表現自己，準備宜人的環境來歡迎你的另一半吧！

比如說，你老婆留下一團亂的屋子，跑去參加座談會一整天。她已經外出七小時了，而且她頗擔心回家時，家裡會變什麼模樣。她知道自己留下一團亂的屋子，不過更糟的是，她知道你和孩子們待在家一整天了。她期望自己煮幾條魚當宵夜，而且她可以想見要過了午夜，才能將一切打點完畢。

現在想像一下，當她步入一間乾淨的屋子，會有多驚訝！孩子們洗完澡，準時上床睡覺了。她無法相信她聞到的味道——你已經準備好她最愛的沙拉，搭配她最愛的沙拉醬擺在桌上，還有烹煮得色香味俱全的比目魚片，表面淋上再合適不過的調味料。

她吃完晚餐，你收拾她的盤子，然後邀她上樓。她走進浴室，卻發現你已經擺好幾根蠟燭和沐浴鹽，以及一條蓬鬆、細緻的新浴巾。她悠閒地泡入熱水中，感覺美妙。

男人們，當你這樣做時，她的感覺就跟你看著老婆頂著她的車頭燈走出浴室的感覺一樣。在某方面，要取悅男人比取悅女人容易。不過，那份額外的工作絕對值得你這麼努力。

# 14 你累了嗎？重新啟動性愛開關！

壓力、疲勞及其他因素都會讓你性趣缺缺，找出讓你更有做愛心情的習慣，讓自己有做愛的心情，能讓你的心活起來。

想想這個畫面：參謀總長敲著總統的門：「總統先生，是你發表國情咨文的時間了。」

「謝了，」總統說：「可是你知道嗎？我今天晚上真的不想發表演說。我不想去了。」

換個畫面：印第安那波利斯小馬隊（Indinaapolis Colts）教練在一月某星期日下午打電話給四分衛培頓．曼寧（Peyton Manning）。教練說：「培頓，超級盃三十分鐘後開始。你在哪裡？」

「教練，我今天就是不想打。你必須安排沒有我的打法。」

第三個劇情是：梅莉蒂絲．維艾拉（Meredith Vieira）的製作人早上七點半從「今日」（*Today*）節目現場打電話給她，暴跳如雷地說：「梅莉蒂絲，廣播就要開始了！出了什麼事？」

你能想像梅莉蒂絲說：「我今天認為，睡覺比工作重要。」

儘管這些劇情聽起來很誇張，不過卻有一個共同點：人們做出承諾，而別人就會期望他們不管當下感覺如何，都要信守承諾。我相信有幾個早晨，梅莉蒂絲真的想在家裡睡覺。我也確定有時候，總統想延後某場重要演說。可是他們都已經做出承諾，而人們期望他們信守承諾。

談到婚姻，但願人人都抱持同樣的態度。

當你同意跟這個男人或這個女人結婚時，你將自己放在滿足他（她）生活中某種需求的位置上，沒有其他人可以合法滿足他（她）的性需求。我要對未婚男女直言：如果你不願承諾在往後的日子裡，與這個人一週做愛兩、三次，那就不要結婚。當然，懷孕、生病和某些無法預料的問題例外，但一般而言，結婚是承諾定期有性愛的親密行為。

## 沒心情愛愛。唉！

這意謂，「沒心情」玩是一個有趣的間接訊息，但是絕對不應該由這種心情來決定你的行動。你做了承諾，而你有必要忠於承諾。現在要解除這個承諾已經太遲了。

當然，這是一體兩面；結婚也承諾了溝通的必要性。從來沒有男人告訴我：「忙完一整天的工作，我真正需要的是跟另一半好好談個四十五分鐘。」不過我會告訴男人，如果他們的伴侶需要聊上四十五分鐘，他們有必要努力配合。

「可是，李曼博士，我該怎麼做？如果我真的性趣缺缺，怎麼做愛呢？」我很高興你這麼問。這表示你願意採取行動。這裡有幾個點子，可以幫助你克服性欲延遲的問題。

首先，不要恐慌。幾乎每一個伴侶都曾經在某個時候碰到瓶頸。我們都有這種時候，覺得疲倦、有心事或跟伴侶沒那麼親近。不過一樁好婚姻要求我們克服心中的冷漠。

彼得說：「要彼此真誠相愛。」（〈彼得前書〉〔1 Peter〕第四章第八節，新國際版）。這句話的另一番詮釋是「要彼此全力相愛。」我喜歡這樣想——意思是，我不會只是有空時對伴侶好；我會全力取悅她，給她我所有的一切。

這意謂著，可能有幾次，你做愛是出於憐憫、義務或承諾，而沒有性欲。你可能覺得被迫或是按計畫進行，你可能要奮力跟自己對抗，才能不推開伴侶說：「已經夠了！」

> 問題的根源是：你的行為是出於愛。你在實踐你的承諾，而且那是件應該做而且美好的事情。

## 記住！性趣是要培養的

性愛的美妙在於：如果你只是「探究」幾分鐘，你的猶豫可能會迅速發展成拚命——我現在指的是好玩的那種拚命！妳曾有過這樣的經驗嗎？原本妳最不想要的就是愛愛，可是卻讓步了。三十分鐘後，妳在高潮的邊緣吶喊：「不要停！請你不要停下來！」

妳的另一半可能會提醒妳，半小時前妳最不想做的事情是開始，而現在，妳最不想要的事卻是停下來。性愛可以如此，如果我們任它自由發展。

有些人會說：「我從來沒吶喊過『不要停下來！』，因為性愛從來沒有那樣滿足過我。」目前，你的性愛可能不是那樣，如果你願意在這方面努力，性愛可以變成那樣。

請記住：造物主設計你來享受滿足、快樂的性愛，性高潮更是完美的表現。心理上的罣礙以及對性愛不熟練或漠視，都可能成為阻礙，不過你還是擁有體驗這份喜悅的潛能。

如果妳另一半的心情很明確，也提到做愛，可是妳一點都不想要，那就讓他做些準備工作吧！要直接並語帶鼓勵地說：「我真的沒有心情做，不過你可以試著挑逗我。」這讓他有機會對妳談情說愛、變得深情款款、讓妳熱情起來。

男人啊！當另一半這麼說時，不是要你立即鑽進她的上衣或褲子裡，而是要你對她談情說愛、邀請她，對她低語些甜蜜的事。與其說：「我為妳熱情如火。」倒不如告訴她你為何熱情如火、你熱情的目標是什麼。運用真誠的恭維把話說得有個性。

然後花點時間讓她熱起來。

拿出乳液，好好來一次放鬆身心的按摩。按摩腳底、背部甚至全身按摩，都有可能一舉成功！她在洗澡時，告訴她你會哄小孩上床睡覺，提供一個讓浪漫有機會開花的氛圍。

## 找出讓你更有心情做愛的習慣

你是一個完整的人。壓力、疲勞及其他因素都會讓你性趣缺缺，找出讓你更有做愛心情的習慣加以反擊。許多女性非常享受慢慢洗澡、擦乳液、穿上柔軟睡衣的過程。

你可能會找到特定的書籍或音樂，讓自己有做愛的心情（不是指色情影片喔！）有時候讀讀適當討論性愛的書籍，能讓你的心活起來。

我認識一名年輕男子，他承諾要控制自己的性欲想法，他也要求另一半更常思考性愛以激起她的性欲。

她問：「你這話什麼意思？」

他說：「就是試著更常想到性。」

對你的伴侶產生性幻想是非常恰當的。在特別的夜晚提醒自己，夢想某些過去沒有做過的事。引導你的伴侶了解你的想法。

## 前戲始於早晨，營造一整天的愛愛氣氛

美好的性愛可以持續一整天，即使伴侶雙方那天前十個小時可能相隔十多公里遠。

想像一下，男人會有何感覺。如果他一早醒來，還迷迷糊糊地走入浴室，打開燈，拿起刮鬍刀，卻被鏡子一角的鮮豔口紅所寫的幾個鮮明字體嚇到：

「早安，性感先生！今晚，我們早點兒把孩子弄上床。我有精采的計畫喔……」

男人可以在鏡子上貼一張小便條紙：

「早安，美人兒。我最近有沒有跟妳說過，我多愛妳那雙水汪汪的眼睛？」

重點在於：一大早就開始前戲，幫助你們倆培養做愛的心情。讓性愛成為一整天的韻事。

## 運動，幫助你擁有做愛好心情

研究顯示，適度運動不但能提升腦內啡，還可以增加燃起性欲的強度。光是覺得自己身材變好就會讓你的整體感覺變好，而鍛鍊身體可以幫助你擁有做愛的心情。

不過，運動是有限度的。運動過度，諸如馬拉松訓練或長時間騎自行車可能會把你累個半死（也可能造成陰核麻痺），因而降低性趣。

在性愛方面，互相取悅對方並不需要包括愛愛。不管理由為何，有時候，女人可以選擇採用年輕男性覺得頗為親切的「做手工」。

女性若月經來潮持續六到七天，或剛經歷懷胎生子，或者就是覺得沒有處在最佳狀態，都可能會覺得無法愛愛。不過，妳只要付出一點努力，就可以幫助已苦撐太久、感覺快要出軌的老公。

如果老公性趣缺缺而老婆情欲高漲，老公可以用手臂環抱著妻子，在她身外動手，讓食指來表達情愛。

我的重點是：如果你們真心相愛，就會找到方法照顧對方。有幾次，是其中一人被取悅而另一人負責取悅。再重申一遍，那是一種無私且非常親密的事。

## 女人的性問題：為什麼我熱情不起來？

美國精神病學協會（American Psychiatric Association）將女性的性問題分成四類：

「性欲減退」（Sexual Desire Disorder）是指一個人對性親密行為失去興趣，或甚至發展成厭惡性親密行為。每個人都有性趣缺缺的時候，不過飽受性失調之苦的患者是長期沒「性」致，而且會不斷逃避性愛刺激，或以厭惡來回應性愛刺激。這些人一直熱不起來。他們不只缺乏做愛欲望，就連想到性愛都覺得反胃。

「性甦醒障礙」（Sexual Arousal Disorder）是指女人可能渴望性愛，可是肉體卻無法維持「性」起狀態，對於性愛刺激，私處會乾乾的或者沒有反應。她的內心想要，不過身體似乎永遠跟不上。

「性高潮障礙」（Orgasmic Disorder）發生在女人經歷正常的性愛過程，卻無法達到性高潮。她可能很快活，也渴望達到高潮，但就是從來沒有「掉落斷崖」，而是一直體驗著懸而未決的感受。很少有女性每一次性愛都達到高潮，所以斷定任何個人患有性高潮障礙，未免有點武斷。實際上，大多數女性無法預期自己會一再體驗高潮。此外，健康和年齡也會有影響。

「性交疼痛」（Sexual Pain Disorder）意謂女人在性交過程中，長期陰道疼痛，並非肇因於感染或某種疾病。就某些案例而言，之所以引發不適，源自於陰道外部肌肉非自主地緊繃。

這四種性功能障礙都不易解決，於是美國精神病學協會替每一種障礙新增各項分類。有些與心理相關，其他則與醫療相關。有些可能是一輩子的（從患者性行為活躍開始，就一直呈現那樣），其他則是後天的。此外，這些可能是通則（這樣的案例很常見），也可能是視情況而定（與特定伴侶在一起或在特定環境下才會發生）。

茱蒂絲．賴希曼醫師已確認導致這些障礙及因障礙而生的「性破壞者」，包括：

## 心理上的問題

罪惡、沮喪、壓力、焦慮，這些因素對女人的性趣和表現有著舉足輕重的影響力。有時候，這些因素是暫時的；承受工作壓力或因為照顧小孩而心力交瘁的女性，都可能會體驗到暫時的性欲減退。有時候，長期忍受心理壓力可能會造成慢性性欲減退。

先前提到的性虐待是另一種心理上的定時炸彈。成年女性幾乎有四分之一曾遭到性虐待，這種不幸的殘餘效應會擴延，就某些案例而言，效應會長達一輩子。任何性愛活動都會造成如電影般的倒敘片段或記憶。就某些案例而言，創傷埋得相當深，儘管可能沒有任何實際的記憶，但就是揮之不去內心對性愛的反感。

我非常想要幫助妳，可是身為治療者的我，如果只給妳克服這段歷史的五個快速步驟，是不負責任的做法。如果妳是那二五％曾遭到性虐待的女人之一，我強烈建議妳尋求專業人士的輔導。這是需要專家照顧的事情。好消息是：我親眼目睹許多女性帶著過去對性愛的矛盾，甚至敵意（肇因於先前的傷害）往前走，經過幾個月的輔導、努力，及丈夫憐惜的關懷，現在享受著滿足的性親密行為。

婚前的性愛史是另一個心理問題。許多專家認為，婚前性行為很正常，在女人努力體驗更多性愛反應的過程中，很少把這當作其中一項因素。這是一場悲劇。因為我發現，由於先前的性經驗而導致的罪惡感，以及執著於過去性伴侶的感覺，成了夫妻享受絕佳性愛歡愉，最普遍的障礙。

事實上，我跟一對夫妻談過。老婆坦承，婚前的性愛壓抑了她在婚後前七年的床笫關係。可能會令某些讀者驚訝的是，她和老公兩人在新婚之夜都是處子。不過婚前，他們曾在老婆感到自在的情況下玩到「快越界」。這導致老婆在床笫之間很難信任老公，直到老婆提出這個問題，而老公尋求妻子的原諒，妻子才終於能夠享受性愛。

婚前性愛要付出高昂的代價，包括精神和心理層面，婚後可能演變成性愛上的大耗竭。

## 兩人關係作祟

當兩人的關係變糟或者冷卻，那麼性愛熱情降溫是遲早的事。一旦丈夫太過投入工作，或妻子太專注在孩子身上而忽略了婚姻關係，勢必會導致性趣衰退。兩人的關係垂死掙扎，而性愛往往是死亡的晴雨表。

當男人要支配並控制女人，或者女人試圖操縱或長舌，都可能會讓另一半喪失情愛的感覺。我的話常會震撼女性團體，我告訴她們，八〇%或更高比例的女性，上週還發誓要「珍惜自己的伴侶」，這週便毀了自己的婚姻。這類女性的行為表現往往很可笑。我會告訴她們，與閨中密友或家人談論自己與伴侶的性關係，甚至爭吵的細節，大多數男人會認為這侵犯了他們的隱私。這麼做並不會讓男人（或女人）在這段關係中，感覺到安全或被珍惜。

當男人採取高姿態，以上對下的方式跟老婆說話，甚至公然辱罵妻子愚蠢，難怪女人會性趣缺缺。當女人試圖控制丈夫或利用「性」遂其所願，那麼男人很快厭倦奉陪那樣的遊戲，也不足為奇。

美好的性愛發生在最好且最健康的關係中。當兩人的關係才是問題的根源時，把重點放在性愛技巧上是個嚴重的錯誤。

## 藥物也有關係

令人驚訝的是，這方面的研究並不夠。談到探究並了解藥物與性欲之間的關聯性，我們還有更多工作要做。因為如今比歷史上任何時期有更多人在接受藥物治療。如果你發現自己的性欲陡降，其間的關聯性當然值得探討。

賴希曼醫師寫道：

「許多藥物對我們的腦部和中樞神經系統有直接影響，而對生殖器有局部影響。有時，藥物對某一方面起作用，卻在另一方面產生衝突的效應。舉例來說，抗抑鬱劑可能會提振心情，讓我們比較想做愛，然而如果抗抑鬱劑增加腦部血清素濃度，卻會導致性欲降低。避孕藥可能會矯正某種程度的荷爾蒙不平衡，不過也可能減少睪丸素的濃度並降低性欲。部分的統計顯示，有些女人發現避孕藥會增加陰道潤滑度，不過其他人持反對意見，尤其因此在性交過程中造成更多陰道黴菌感染及疼痛者，更是持反對意見。」

顯然，在這個領域，有必要請教你的醫師。避孕、荷爾蒙替代療法、抗抑鬱劑、鎮定劑和降血壓藥物都有可能是肇事者。甚至制酸劑、抗生素和抗組織胺劑都可能擾亂你的性欲。

## 疾病的影響

多發性硬化、糖尿病、癌症、關節炎、甲狀腺問題等等，都會導致個人不得不面對性親密行為的挑戰。舉例來說，以多發性硬化而言，性欲可能會受阻，陰道乾燥則會減少性交的樂趣。至於癲癇，往往是治療法而不是疾病本身造成缺乏性趣。如果你正在接受治療，請告訴你的醫師，才能找出對付性趣缺乏的方法。

## 疼痛也是障礙

如果你每次進入老婆的體內，都感覺有人用針戳刺你的陰莖，你會享受性愛過程嗎？當然不會。有些女人會因為做愛疼痛而感到羞恥，甚至會試圖遮掩自己的不適，然而少有事情會像疼痛那樣阻礙性欲。

疼痛可能源自若干原因：陰道乾燥、陰道緊縮、關節炎，甚至肌肉發炎。至於乾燥，市面上有許多潤滑劑，選一種來用。有些女性非常需要這類產品。大多數的人在一生中的某些時間點和每月的特定場合或時間會需要潤滑劑。

女人的雌激素會隨著年齡增長而下降，這也會造成陰道更加乾燥。有些醫師開荷爾蒙處方來解決問題，不過並不是每一個人服用荷爾蒙都會覺得舒服，因此局部潤滑會有所幫助。

不管什麼原因，如果做愛變成了疼痛，應該立即去找醫師（如果每次都疼痛，更該去找醫師）。妳沒有必要忍痛。當妳能享受性愛，伴侶兩人才能從中受惠。畢竟，想到女人「咬牙忍痛」而燃起性欲的男人不多。

## 老公沒性趣，怎麼辦？

一般人的刻板印象是：通常想要做愛的是男人。不過跟我談過話的許多對夫妻表示，老公的性趣還不如妻子高昂。有一次，一名足以迷倒眾生的女人來找我；如果她走過建築工地，我向你保證，大家只要看到她，都會放下手邊的事情。即使如此，但她的老公就是不碰她。

有時候，問題出在性別認同上。其他時候呢？男人只是極度想要控制——事實上，那是非常極度，極度到堅持永遠由妻子主動。這麼一來，這些男人就永遠不會被拒絕。不過，就大部分的案例而言，男人只是疲倦、有心事，或者有點沮喪。

妳可以這麼做，幫助老公熱起來。

## 在他面前，盡可能慢慢著裝打扮

男人是受視覺啟動性欲，所以妳可以讓另一半早上起來就先想到性，方法是妳要花時間打扮著裝，要完全讓他看到喔！或趁他在臥房時出浴，將浴巾丟在走向衣櫃的路上，或是給老公一個擁抱，但是別讓他以為妳在期望什麼事。

不要急著遮掩。赤裸上半身或下半身穿衣服，盡可能長時間讓老公看到妳那赤裸的上半身或下半身。例如，先穿上內褲，再穿上裙子，保持上半身赤裸。先把頭髮梳理好，才穿上胸罩。讓他看看他遺漏了什麼。

如果你真的想要他繼續看下去，不妨要求他幫妳扣上胸罩。妳每天都在做這樣的事，當然知道怎麼做。妳可以這樣說：「我的手指今天不靈活，你能幫我扣上胸罩嗎？」他還是會不明白，不過這樣也許更有趣些。

## 擺幾張性感自拍照

因為男人是視覺動物，所以在妳點燃老公性欲的任務中，畫面會變成得力的助手。

早晨，在浴衣中放一張自拍照，把照片貼在老公刮鬍子使用的鏡子上。拿口紅在照片上寫道：「早安，親愛的！」

然後，這一整天多擺幾張自拍照，每一張照片都進一步呈現妳的脫衣狀態。這些照片可以放在公事包、午餐盒，還有老公回家時更衣的衣櫥裡。這個構想是：上床睡覺時，他會親眼見到一場脫衣秀，而妳已把最精采的部分留到最後。

當然，這個構想有點花錢——需要一部有自拍功能的拍立得相機。不過我確定，妳和妳老公會運用這個裝置找到其他創意（妳也可以用數位相機，這樣列印照片時，就不會被其他人看見）。

## 我的男人「不行」？

男人和女人都有必要知道性無能的變幻莫測。每一樁婚姻最後都會面臨這個問題。這方面的統計數字非常有說服力：儘管在二十多歲時，只有五至七%的男性人口體驗過性無能，但是就六十五歲以上的男性來說，卻有四分之一在這方面頗感吃力；七十歲以後，每兩個男人中，就有一個承受這方面的困擾。

無法達到令人滿意的勃起可能是偶爾如此，也可能是長期的現象。原因可能來自於心理或生理。

會降低陰莖血液流量的疾病或藥物治療，都可能造成偶爾或慢性性無能；高血壓、冠狀動脈血管疾病和糖尿病全都是肇因（半數診斷出罹患糖尿病的男人，在初診的五年內會體驗到某種形式的勃起功能障礙）。睪丸素的濃度降低和正常的老化過程，也可能是促使性功能障礙的因素。

從心理學家的觀點，我認為對這個問題保持鎮定很重要。偶爾一次失誤沒什麼好擔心的。事實上，過度關心勃起問題反而會造成心理上的性無能。

其次，不要因為你的不舉而對伴侶發怒。不要以為身體的無能反應是對性愛生活的控訴，這可能只是你終究要適應的現實。當然，你要去做身體檢查、找諮商人員輔導、考慮採用保持性愛好玩與新鮮感的方式；不過，不要只因為快樂先生偶爾皺著眉頭拒絕辦事，便認為你或伴侶一定有什麼問題。

我不是醫師，不過有時候，如果醫師排除性無能是身體健康所致，且相信偏向心理因素，就會將病患轉介給我。如果你偶爾睡醒時會勃起，可是做愛期間卻無法勃起，那麼比較不可能是身體方面的原因。如果你變硬了，可是一想到進入就軟掉，再次強調，原因可能出在夫妻之間的關係。你可能擔心自己的表現，做愛的時候有點動怒，或者還有其他原因。

不過，如果多年來，你已經逐漸失去勃起和維持勃起的能力，以致於拖到現在，幾乎無法勃起，那麼你很可能需要診斷是否罹患疾病。好醫師會幫助你排除生理的因素。一旦你有份健康證明書，就可以努力改進夫妻關係。現在這個時代，夫妻可以使用威而剛和許多其他選項，大部分婚姻並不需要對性無能另眼相看。

## 別讓性生活不協調毀了你的婚姻！

不管缺乏性欲背後的原因為何，請看在婚姻的份上，好好面對這個問題吧！

伴侶一方持續長期缺乏性欲，對婚姻是不健康的。這只是時間問題，這名伴侶遲早都要面對缺乏性欲的事實。說句公道話，這麼做也是理所當然的。

如果你雪上加霜，不僅傷害也侮辱了另一半，等於否定伴侶有權接受有人在性愛方面追求他或她所帶來的喜悅和滿足。從道德的觀點來看，並不允許其他人來履行這個角色。如果你不做這件事，也沒有其他人可以做。你的拒絕意謂你的伴侶必須勉強接受。

想辦法，積極地讓你的性欲轉佳。去找位好的諮商師，處理令你覺得芒刺在背的問題。

如果你的性趣缺缺已造成了婚姻不諧與挫折，千萬不要接受現狀。

你可以不斷告訴自己：「有朝一日，我會處理的。」可是最後，你的伴侶可能會說：「夠了，我受夠了！」我見過太多婚姻，因為伴侶一方缺乏性欲而破裂。

請記住：感覺很重要且有所根據，不過你不是感覺的奴隸。因為你不想做愛，並不代表你無法選擇做愛，至少，你可以選擇以某種形式擁有性愛。也許妳真的太累了，無法愛愛，可是妳願意以其他方式取悅妳老公嗎？

你承諾過，你會繼續信守承諾嗎？

# 15 到老都要愛一愛！

晚年的性愛是一件美好的事，當你在春天做愛、夏天做愛、秋天做愛都是跟同一個人，那麼性愛就會變得近似奇蹟。

我愛我的拖鞋。

珊蒂討厭它們。

我至少曾經在五個不同的場合，逮到我老婆試圖把我的拖鞋當垃圾丟掉，不過我眼明手快，每一次都能救回那兩個傢伙。

最近一次解救成功後，珊蒂懇切地請求我：「凱文，為什麼你堅持要穿那些醜陋、壞掉的拖鞋呢？」

「很舒服啊！」

「那些東西我看了就討厭，沾滿塵土、油漆，沒辦法修補。你應該把它們丟掉。」

我問她：「把它們丟掉？」「只因為它們老了？有些磨損、有些破？這是什麼見解？」難道，她會希望自己被換成另一個女人嗎？只因為她不再是二十多歲的年輕辣妹？我從不這樣做，如同我永遠不會捨棄我最愛的拖鞋。老舊並不代表低等，正如新並不代表更好。

我要談談四十、五十、六十歲及以後的歲月，如何享受令人滿足的性親密行為。我可能有偏見，因為我只跟一個女人在一起，不過依我謙遜的看法，我認為隨著夫妻年紀增長，性愛關係會變得更好。我了解事實並非總是如此。我不久前跟一位六十五歲的男人談過，他和妻子分床超過十年了。我和我老婆十「週」沒做愛就難以想像，更甭提十年。

性愛當然會變。邁入五十歲以後的歲月，我們可能不再擁有緊實的身體，不過我們的憧憬也同樣不那麼偉大了，所以兩種弱點有點相互抵消。我們可能不再擁有過去的耐力，我們的四肢也不如二十多歲時那麼有彈性。不過往正面看，我們有一輩子取悅這一個人的經驗，我們更有能力控制自己的反應，這往往能延長做愛的時間。而且我們擁有直覺從伴侶的呻吟聲判讀情況的無限優勢，因為我們已經跟他或她在一起幾十年了。

另一個大好處是：一旦孩子搬出去住，通常就有更多自由、更多閒暇時間，往往也會有更多錢。許多夫妻四十多歲時，兒女長大離家，大部分人幾乎在五十多歲的時候鐵定會碰到這樣的情況。以我和珊蒂的例子來說，我們會在七十二歲的「魅力」年紀，不再照顧孩子！到時候會比較容易出門度假，而我絕對贊成已婚夫妻上飯店做愛！

## 面對現實吧！我們都會老

首先，你要預期變化。面對吧！

男人，你正在掉髮，掉好些或甚至大部分的頭髮。你可能增加了不少體重，無法跳得像以前一樣高，甚至連麥可・喬丹（Michael Jordan）都證實，即便最強健的男人都無法挑戰老化造成的遲鈍。

女人啊！妳們也注意到，地心引力的支配力更勝過天體間的平衡力，這點對地球也造成驚人的影響。妳的臉孔、妳的胸部和身上其他部位似乎都急著去觸碰地板。妳可能發現，做愛時比以前需要更多潤滑劑。妳的頭髮，曾經如此濃密和完整，是如此金黃或迷人的黑，現在不再那麼濃密了；而那一撮白髮是什麼？好姊妹，那不是顏料，是時間效應。

你已經看到自己的一切隨著時間而改變，那麼為何妳認為性愛不會受到影響呢？

答案是：會的。

你沒必要減弱晚年所體驗到的性愛強度和喜悅，不過你必須修正執行的方式。

當麥可・喬丹重返美國職籃，他不再是因反重力灌籃而讓我們目瞪口呆的「飛人喬丹」（air Jordan）；有位教練甚至叫他「地板喬丹」（floor Jordan）。當然，他還是可以打球，可是他的雙腳卻牢牢地嵌在地板上。他必須找尋伴攻、跳射等其他得分的方法。

性愛也是同樣的道理。

如果你願意順應年齡而做些調適，就會發現你跟許多夫妻一樣，在你四十、五十和六十多歲時，性愛可以變得更好。

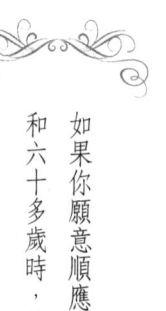

## 當妳的男人雄風不再……

在你十幾、二十幾歲時，光是閱讀汽車引擎雜誌就可能勃起；光是跳入游泳池或走過漂亮女孩身邊，就足以讓你的身體起反應。你老婆只需要爬上床，就能刺激你勃起。

事實上，你可能很容易就勃起，於是你們已經習慣你老婆幾乎不用給你許多額外的刺激。事實上，在你們還很年輕時，你老婆可能已經發現，太多刺激會讓性愛很快結束。一位太太對我坦承，多年來，他們夫妻倆的前戲一直是單向進行。理由很簡單，任何前戲都可能讓她老公在他們還沒做愛前，就達到高潮。

朋友啊！那些都是過去式了。現在，你需要培養才能勃起，還要設法維持。如果你老婆忽略你，你就會變軟。你們都需要專注在享受和接收，這表示你比從前更需要直接刺激陰莖。

要小心喔！快樂先生可能不會經常笑口常開。在你全神貫注地期望它站起來時，它可能萎靡不振。二十四小時內，它會拒絕所有試圖要它重振雄風的鼓勵，而它也確實不再像你十幾、二十幾歲時那樣，是個盡職的僕人。

一旦你成功勃起，也會和過去不太一樣，就像床墊一樣。有些床墊的硬度和木板不相上下；有些床墊則像枕頭。嗯，男人啊！時間會到來，你不會再帶著一根五公分厚、十公分寬的木材上床；是「松木」，不再是「橡木」。你依然堅挺，但是硬度不如從前。

隨著年齡增長，你可能也會發現某些年輕時難以想像的事：做愛不射精。老男人不需要像年輕男子那樣頻頻高潮。好的一面是：你可能有辦法持久些，也許更能取悅你的伴侶；壞的一面是：妻子可能會恐懼情勢逆轉，心中升起你是否會達到高潮的疑問。如果妳的男人跟妳做愛二、三十分鐘卻沒有達到高潮，那不是妳的錯。這不代表妳不再吸引他，也不意謂他沒有發現妳的性感魅力，這只表示他的身體正逐漸衰老。

恢復時間也會變久。像蜜月那樣，幾個小時內好幾次高潮的夜晚已不復見。從上次性經驗到準備再次高潮，你的身體要花更長的時間回復。

這是漸進的改變，而且是一波波地到來，隨著你邁向六十大關，這種現象無可避免（事實上，有些男人近五十歲時，就遇到了這個問題）。當這個時期來臨，有些男人可能需要等幾個小時，也有人需要等上幾天。不管怎樣，就是需要等待。

這一切的一切有個大優點。偶爾，女性會和男性一樣享受一頓「快餐」，至於「主食」，女人往往偏愛更長時間、更緩慢、軟調的性愛親密時光。

終於，你的身體和你老婆的身體能夠相互搭配。你有能力更持久，也會更自由的將注意力集中在老婆的反應上。而且，比起從前那匹二十二歲的種馬（或許當時你以為自己是性感的男人），你現在會是個更好的情人。

如果勃起問題持續沒解決，可能是身體內部的原因所致，例如動脈硬化或其他疾病。可能你正在接受藥物治療，或者承受著額外的壓力。因此，如果你開始出現勃起困難，我建議你去做一次全身健康檢查。在有威而剛和其他許多選項的時代，性無能不再像以前一樣是個問題。

各位女士，請記得，如果任一方伴侶過度反應，偶爾一次表現失敗就會變成心理上的慣性。別把這些變化當作個案，而且絕對不要因此給妳老公壓力。要他好好表現，反而會讓這些狀況反覆出現。

此外，我也要女性了解，妳們在性愛方面明顯占優勢：在妳們成長的過程中，就知道性趣如同月有圓缺，也像海邊的潮汐。妳老公習慣在穩定、快速攀爬的過程中，從零到六十，然後衝下斷崖！妳必須幫助他了解，如何在途中偶遇的山谷中保持愛意，因為他以前可能不曾待在山谷中。

還有，妳老公覺得他的問題比妳大是很自然的現象。如果妳沒辦法自然潤滑，還是可以接收到快樂，保持愉悅直到妳「熱起來」。若做不到這一點，總還可以去拿一瓶潤滑劑。

另一方面，男人知道，如果他沒有勃起就無法愛愛，那會是個令人感到恐懼的想法，就像妳無法強迫自己溼潤，他也無法強迫自己勃起。當然，心理諮商師都知道，你愈是擔心這點，往往會更強化問題，而不是解決問題。但是男人不習慣處理這些問題時，只要面對一次，就可能會變成男人憂慮的來源。

如果妳老公還沒有準備要做愛，而想繼續用雙手或嘴取悅妳，請讓他繼續這樣做。首先，妳達到高潮的畫面就足以令他勃起。但即使這樣做不行，男人還是想知道他在性方面，可以取悅老婆。萬一其他方式失敗了，如果他知道可以憑藉萬能的雙手，那麼下一次，他會覺得以特定方式表現性愛比較沒有壓力，可能會表現得更好。

不論妳老公有能力做到什麼程度，都讓他來引導妳達到高潮，而且要毫無保留地鼓勵他，跟他說什麼方式能滿足妳。

這麼做，妳可以把有可能令人蒙羞與疏離的經驗，轉變成創造更多親密和滿足的體驗。

## 當你的女人青春不再……

女性老化的過程有個更引人注目的標記：「停經期」。心理學上，停經期替女人的性愛行為標示出一個戲劇性的轉捩點。突然間，性愛不再跟生小孩有關。即使妳已經未雨綢繆了幾十年，一旦不可能懷孕，性愛關係還是會有點不一樣。現在，性愛只跟親密和愉悅有關。

而且這並沒有不妥。

沒道理讓停經抑制女人的性愛生活。就許多案例而言，女性經常感覺到更多性愛方面的鼓舞。有些女人利用停經當藉口，避開長久以來在性愛和肉體方面感到的不滿足。不過就大部分的案例而言，並沒有生物學上的理由證明女性在這段期間應該失去性趣。雖然女性的確會體驗到雌激素下降，不過雌激素本身與性欲和性反應沒有直接關係。當然，女人體內的雌激素逐步減少，會產生其他將性念頭擱置一旁的症狀，最廣為人知的便是熱潮紅。不過，女人一旦度過停經期，可能會比過去更自由地探索新的性愛領域，甚至雌激素下降，也可以透過雌激素貼片調整。

停經期的反應因人而異，有些女人告訴我，她們似乎失去了對性行為的渴望；然而另一位女人的眼睛卻閃閃發亮。她大膽透露：「那天孩子離家後，吉姆和我開始利用每一個房間和每一件家具。我真的是指每一件喔！」

子宮切除術是另一個伴隨老化而生的重要問題。這是個大手術，但有些女性卻接受得太草率。妳太早起床，太早開車出發，太早練習舉重，太早發生性行為，然後重大的後果隨之而來。我太太珊蒂把子宮摘除了。她跟許多女人一樣，對於花那麼多時間休息而感到內疚，預計要花六到八週，傷口才能癒合。

男性讀者現在可能會從椅子上跳起來。「六到八週嗎？李曼，你瘋了嗎？」六週沒有做愛，未必表示六週沒有性表達和愛。面臨人生的這些關頭，夫妻兩人可以發揮創意。無疑地，快樂先生難得會這麼想：我只是休八週的假期，深情的妻子會盡其所能找到有創意的方法，幫忙緩和丈夫的性欲。

對年紀較大的女性，最大的好處之一是，性愛最大的敵人——疲倦，可能不會那麼強烈了。大多數人晚年有較多的時間，而且這時的性需求通常較少。妳不必擔心小孩會來敲門找妳要水喝；妳不必整個下午扮演計程車司機，然後筋疲力盡地上床。妳的經期會停，而且許多夫妻比較不喜歡在女人月經期間做愛，你們一個月會多出五天可以做愛。

在身體方面，妳需要多花時間照顧妳的生殖器。一旦雌激素濃度下降，妳的陰道壁會變得比較薄、比較乾。妳會需要潤滑劑，而妳老公可能偶爾需要放輕鬆點，因為激烈的進入會導致疼痛，而不是愉悅。

附帶一提，要維持妳的性愛健康至六、七十歲，最好的方法之一是維持性活動的次數及品質。馬斯特斯與詹森研究團隊證明，等上了年紀，就潤滑的效率而言，每週至少一次性愛活動的女性會勝過長期避免性愛的女性。

古諺說：「不用就會失去。」應用在性愛上，更是精準無比。

我希望妳的態度不要像瑪格莉特一樣；她和看來並不快樂的丈夫一起到我的辦公室。進入諮詢室沒多久，瑪格莉特的丈夫傑瑞告訴我，瑪格莉特基本上已經結束了他們日後的性關係。

瑪格莉特並不否認。她說：「李曼博士，你看，我真的認為我已經付出了我的時間。我向來不怎麼喜歡做愛，坦白說，傑瑞沒什麼創意。儘管如此，我還是忠實而盡責的付出三十四年。你認為這樣還不夠嗎？」

我們討論了一會兒傑瑞缺乏創意的問題，等輪到處理瑪格莉特的時間，我回答了她「你認為這樣還不夠嗎？」的問題。我語氣堅定地說：「是的，我認為還不夠。」

事實上，我提出另一個問題：「如果傑瑞說：『好吧！瑪格莉特，我已經用我的薪水養了妳三十四年，現在我要去養老，決定不再養妳了。妳必須自己去找個地方住，自己找到收入來源。我已經付出了我的時間，現在我想要自私一點。』妳覺得怎樣？」

「妳看，瑪格莉特。」我繼續說：「婚姻是為了生活，而我們所做的承諾也是為了生活。

妳現在選擇的路非常危險。事實上，如果妳的目標是在精神上閹割傑瑞，把他變成憤怒的丈夫，而不是感恩的丈夫，那就繼續這樣下去。妳會很快看到自私的醜陋面，快到讓妳無法相信。

「不過，同樣重要的，妳正在做會造成雙重後果的單方面決定。只因為妳完全結束了性愛，不見得代表傑瑞也要完全結束，那他現在應該做什麼？他曾經對妳不忠嗎？」

「沒有。」

「而這就是妳對他的回報？告訴我，瑪格莉特，為什麼表面上值得尊敬的男人——用所有其他標準來看，他都是個相當好的男人——最後卻有外遇，會令大家頗為震驚？或是在出差旅行時，進入脫衣舞俱樂部呢？雖然涉及外遇或色情場所，在道德上永遠不被接受，然而一個男人的行為不應該根據妻子的態度而定。

「在我看來，許多外遇與出軌事件發生，是因為他們在婚姻中的基本需求未獲得滿足。六十歲的男人和三十歲的男人一樣，想要感覺有人想要他、有人需要他、有人重視他。一路走來三十年，另一半的外貌可能跟以前大不相同，可是還是他的甜心、他生命中的愛。他還是希望對方想要他。」

瑪格莉特終於了解，解決方案不是停止做愛，而是幫助傑瑞在他做愛的時候更敏銳。

## 激情過後，那就手牽手老來伴

你或許跟我一樣看過這樣的畫面：情感彌堅的老夫妻手挽著手在購物商場走著。其中一人不良於行，而伴侶攙扶著她。也許他們停下來買塊餅乾或一支冰淇淋甜筒，兩人相互依偎，決定要什麼，然後兩人分享彼此的選擇。妻子可能會擦擦丈夫的嘴，然後親吻一下。

他們像一個整體的兩半，忠於彼此四十、五十，甚至六十幾載，他們無法想像彼此分開的生活會怎樣。我確定他們在臥房中的表現不像體操運動員；也沒有人會像吊燈一樣掛著。可是看著那個男人的臉，你會見到一個快樂的男孩。他還是知道如何取悅妻子，而妻子還是想要丈夫所擁有的一切。

沒有比這更美好的情感。

> 一夜情無法讓你體會到跟固定伴侶做愛一千次的奇妙經驗。

那對老夫妻是一幅真實美麗的圖畫，將一生的愛描繪得絕妙深刻，那是造物主想要我們體驗的。如人生冬天般的晚年性愛是一件美好的事，當你之前在春天做愛、夏天做愛、秋天做愛——全都是跟同一個人，那麼性愛就會變得近似奇蹟。

# 16 完美體態不等於完美性愛

學著對妳的伴侶展現妳的風采。學著接受妳身體的優點和缺陷，至少在妳的伴侶面前不要害羞，要充分炫耀。

我很幸運，娶了一位「美女」。我老婆相貌出眾，長得非常漂亮。你相信嗎？珊蒂的衣服尺寸幾乎跟我們剛結婚時完全一樣。而我呢？像條鯨魚。我最大的恐懼之一是：當我去海灘玩，脫下襯衫，躺在白色沙灘上，會冒出一群環保人士設法將我推回大海。

男人第一次見到珊蒂和我，他們前五秒會瞪大眼睛仔細瞧我太太，然後看我一眼，一臉困惑，好像我該娶一隻牛頭犬或什麼似的。

我可能不是內衣廣告的模特兒人選，不過我敢打賭，大部分的人也上不了《花花公子》或《花花女郎》的封面，即使你願意出賣色相。

你知道為什麼嗎？我們之中很少人做得到。

這裡有一項有幫助的行動：找個時間在購物商場的椅子上坐下來，看著商場裡的人們十五到二十分鐘。人群中有多少人，你會描述他非常漂亮或英俊？

如果你的經驗跟我一樣，你會回答：「不太多耶！」絕大多數人的相貌落在平均值上下。

難道這意謂著我們都跟身材不能令我們興奮的人結婚嗎？難道只有好萊塢的男女主角能夠擁有滿足的性生活嗎？我當然不這麼認為。

我可能沒有奧林匹克運動員的身材，可是我喜歡把我真正擁有的獻給我的伴侶。女性尤其需要擁有這樣的態度，不過這對她們來說比較困難。要女人擁有正面的自我意象感覺並不容易，至少跟我談過話的大部分女性都沒有這樣的觀念。

依照《今日心理學》（*Psychology Today*）的調查，半數以上的美國女性不喜歡自己的整體外觀。在我的工作經驗中，我懷疑不只過半。就連面對現實，接受自己體態的女性，私底下還是會有看著鏡子而產生退縮的傾向。

女性通常對自己的身體會比男性更容易侷促不安，這是個事實。光是比較男女花在鏡子前、摸臉、摸臉上的妝、摸頭髮、抹乳液的平均時間，就知道答案。如果男人不用刮鬍子，他可能不會太注意自己的長相。我不知道自己是否曾經塗抹過乳液，但化妝品唯一觸碰我臉孔的時間，是在我上電視之前有人幫我化妝。

我數不清有多少次，我看見兩個女人在一起，其中一人說：「喔，我實在愛死了妳的髮型，好可愛喔！」

「哦，別提我的頭髮了。」另一個女人反駁。然後她拿出一張從雜誌上撕下來的照片，顯然，她的髮型看起來應該是那樣。可是美髮師把這裡留得太長，那裡沒有剪出層次感，她的臉現在看起來太圓了，她不知道該怎麼做才能去參加週六晚上的大型晚宴。

比較一下，我的好兄弟慕黑德跟我在一起的時候。

「嗨，李曼，你剪頭髮了喔？」

「是啊！」

這是全部的對話！

沉迷於自己的外貌會導致某些相當殘酷的習慣。許多女性並不認為自己殘酷，不過妳們真的殘酷。

妳們從不會蓄意傷害他人的感覺，可是好好想想，妳對自己有多殘酷。

《自我意象感覺習作簿》（*The Body Image Workbook*）一書的作者湯瑪斯．凱許（Thomas Cash）醫師提出一個饒富趣味的問題：「你會讓別人以你批評自己的方式來批評你嗎？」

此時此刻，我為什麼在這裡談這點？妳的自我意象感覺會大大衝擊妳將自己完全獻給伴侶的能力。妳可能沒有茱莉亞．羅勃茲（Julia Roberts）的微笑、沒有《運動畫刊》（*Sports Illustrated*）中泳裝模特兒的胸部、沒有一雙可以穿上時裝設計師牛仔褲的美腿，不過我可以向妳保證：妳的另一半不會想等妳減掉十或十五公斤後，才跟妳做愛！

## 改變自我意象感覺比塑身更重要

我知道這點我已經重複說了很多次，可是假使妳還沒有領悟，讓我再說一遍：各位女士們，對男人來說，視覺是一種難以置信的強力性欲啟動器。

妳可能認為妳不符合標準，於是掠奪了另一半看妳的權利，然而妳的作為卻適得其反。

比如說，有個小胸脯的女人，自我意象感覺不佳（我並不苟同「小」就是「較差」的原則。在我看來，那樣的假設很可笑，不過大家卻這樣認定，所以我現在用大眾的錯誤觀念切入）。這個女人買本女性雜誌，看遍雜誌中的廣告，發覺沒有任何人像她。她從商店回家的路上，經過廣告招牌，沒有看見平胸的女人兜售啤酒或香菸的巨幅照片。晚上她打開電視，情境喜劇中的媽媽們一律穿著彷彿一碰就裂的緊身運動衫。

這個女人晚上脫衣時，看見自己的小胸部和變粗的大腿，心想：爲什麼我沒辦法把兩公斤肉從那裡移到這裡來呢？

問題是，她假設因為她的模樣不像雜誌中的女人，所以老公看見她的身體會沒有性欲。她卻忘記了，她老公長得也不像雜誌中的男人！他們全都是神話，是噴漆加修飾造就出來的完美典範，近似錯誤的美感。

可能妳的問題不在於飛機場。相反地，妳是地心引力的受害者，萬一妳要脫胸罩，會覺得另一半必須變成舉重選手，才能托住妳的胸部，免得胸部掉下來。或者，也許妳在五或十年內，腰間長出了贅肉，而現在的妳害怕穿著貼身衣物會被老公嘲笑，而非興致盎然。

或許妳已經生了三個小孩，肚子上的妊娠紋可以為證。或許妳生完上一胎多了十多公斤，現在還減不掉。妳覺得自己一點也不可愛，於是當妳老公說他深深被妳吸引時，妳迴避他的殷勤，拿衣服裹住自己。

他說妳的身體令他性起，可是妳卻不露給他看。

不要誤解我的意思。我能體會妳的感受，因為我知道妳被這種完美體態的垃圾轟炸了一整天。不過我要妳試著聆聽這個男人的心聲，他比所有想賣東西給妳的男人更愛妳。

> 視覺對妳的伴侶非常重要，所以妳有必要努力，讓妳「覺得」自己很好，好到足以用妳的美麗勾引妳老公。

一位男性告訴我，他祈禱多年，希望老婆能夠透過他的眼睛看見她自己。他欣賞他老婆的美麗，甚至在她養育孩子的整個過程中，他不斷發現她身體展現的吸引力。可是他老婆還是不完全相信他的話。真是可悲啊！

這裡有幾個訣竅，可以讓這個過程更順利。

## 專注在妳的長處

妳知道嗎？就連《運動畫刊》的泳裝模特兒也有某些特徵被強調、某些特徵被隱藏。攝影師可能把焦點擺在一個女人的腿、臀部或乳房；而負責該期刊的專人會要每一位模特兒穿上最能強調她那迷人特徵的泳裝，同時，攝影師會拍攝她能將那些特徵呈現在鏡頭前的姿態。

學著用同樣的方式對妳的伴侶展現妳的風采。也許妳想強調妳的眼睛、雙腿或其他部位。學著接受這就是妳的長處，至少在妳的伴侶面前不要害羞，充分炫耀。

如果胸部是妳的強項，就買幾件能讓人將注意力放在胸部的貼身衣物。如果妳最具賣點的是眼睛或嘴巴，就化上會吸引妳老公注意那些特徵的妝。充分利用妳所擁有的長處，別擔心其他地方。

## 用抱怨缺點的相同時間讚美自己的優點

妳是否曾經逮到自己用下列這些評論詆毀自己的容貌？

「看那兩條大腿，好噁心喔！」

「喔，我恨死了這細長乾枯的頭髮。我完全對它莫可奈何！」

「如果我的胸部再下垂一點，就得穿鞋子了！」

如果妳有這樣的經驗，凱許醫師提供了我深表贊同的「等長時間規則」：妳必須給妳身體的正向優點同樣長的時間。這樣才公平。當妳批評自己一句，就欠自己一句恭維。妳說了多少負面評論，就要至少花一樣多的時間想想妳的正向特點。

別忘了，妳不是新澤西州某家工廠加班拼裝而成的。設計、製作、塑造和雕刻妳的就是上帝。等上帝把妳製作好，祂退後一步，微笑著說：「這樣很好。」

沒錯！妳可能沒有盡最大的努力照顧好上帝賜給妳的一切；妳可能養成了某些習慣，使妳看起來不賞心悅目。不過，可別因為妳忽略了上帝賜給妳的美好特質，而羞辱妳的造物主。要學會感恩：

「上帝，感謝祢賜給我這對眼睛。」

「主啊！我非常感謝祢賜給我這雙手，幫助我運用雙手來愛我的丈夫和孩子。」

「主啊！感謝祢賜給我嘴唇來親吻我的丈夫。」

「主啊！感謝祢賜給我可以纏住伴侶的雙腿，還有可以吸引他目光的胸部。」

## 轉化麻煩處境，創造有利於自己的空間

如果自我意象感覺對妳而言是問題所在，請針對妳知道會陷入麻煩的處境尋求支援。如果買泳裝肯定會讓妳沮喪，不妨邀請朋友陪妳去，盡力讓這件事變得有趣、好玩。不要讓買一件使妳覺得顯眼的泳裝，而變得有壓力。在泳裝下方套件短褲遮掩並沒有什麼錯。大部分的泳裝實在太不端莊了，而且對十八歲以上或不想只穿著泳裝躺在毯子上的女人來說，非常不實用。

有些人該丟棄家中的皮尺，有些人需要重新考慮鏡子該放在哪裡……

精心設計一個有利於妳的環境吧！

## 讓感官更敏銳，性愛的深度勝過美貌的表象

在這裡，我不是要談論性愛。我要談論炎炎夏日中冰鎮冷茶的感覺。我要談論在冬天的夜晚泡在舒適的熱水中，或者更棒的是，坐在下著細雪的溫泉中。我是要談論妳老公在妳的腳上抹乳液。上帝賜給我們的神經末梢比我們所知，甚至使用過的還多。要更了解這些神經末梢，

陶醉在這些神經末梢裡；讓妳的感覺活躍起來。

等妳的感官更敏銳，就會了解，性愛的深度遠勝過肯恩或芭比的外貌。身體是一件美妙的東西，但身體大部分的器官是看不到的。除非妳是醫學院的學生或醫師，否則恐怕永遠看不到，你的神經末梢只要被觸摸到對的地方，就會非常甜美地活躍起來。

男人寧可跟多了幾公斤但感官敏銳的女人上床，也不要一個修飾得完美無缺卻緊閉心扉、冷感且忸怩不自然的芭比。

## 增加愛愛次數，看起來更年輕！

妳想看起來更年輕嗎？妳害怕時間會消滅妳的性吸引力嗎？如果是這樣，我可以給妳一個又奇妙又好玩的解決方案：多做愛！

蘇格蘭皇家愛丁堡醫院（Royal Edinburgh Hospital）的神經心理學家大衛．韋克斯（David Weeks）建議：「愈多高潮可能會釋放更大量的荷爾蒙，支撐妳的免疫系統並減緩過早老化的症狀。」這樣的說法回應了一份針對三千五百名以上男女所做的十年研究。看起來最年輕的參與研究對象，性生活比看來較老態的參與研究對象更為活躍。

在心理學上，我們對自己的感覺大大影響了我們的實際相貌。當妳經常發生性愛關係，那樣的行為會肯定妳的身體，因為妳老公正愛著妳的身體，愛慕它、愛撫它。當妳覺得性感，看起來就會更性感。

一個男人告訴我，他老婆是個「辣妹」。當我見到他老婆時，差點笑出來。她不是那種一般人認定的美女。事實上，在許多方面，你甚至可以說上蒼並沒有善待她。

可是妳永遠無法像她一樣讓她老公服服貼貼那麼多年。為什麼呢？他暗示他老婆在床上把他搞得筋疲力竭。她對他意猶未盡，他對老婆也意猶未盡。一般男人見到他老婆，可能會看到一個相貌平凡的人妻和一副不相稱的身材，可是她老公卻見到一個他享受過、喜樂過、體驗過、觸摸過、聞過、舔過、愛撫過、眉目傳情過，且以各種方式愛慕過的女人。經常跟另一半做愛會逐步改變對方對你的觀感。

## 讓你看起來迷人的氣氛妙方

妳想要在下次跳上床前，立即減重十公斤嗎？心理學家的竅門是：微笑。

當妳自在地面對自己的身體時，妳的伴侶也會滿意妳的身體。妳的面部表情和態度，對妳的外貌影響比妳所知更為深遠。把這些訣竅發揮到極致吧！

另一個減重方法是：讓房間變暗。燭光頗性感，外加產生陰影的好處，可以讓妳隱藏某些缺陷。如果某根蠟燭的燭光顯得較柔和，令妳感覺更好，就買一打吧！

那麼，什麼時候妳反而增加十公斤重呢？當妳總是特別點出並且嚴詞批評自己身上某個部位，而感到忸怩、不自在，上床時大費周章地遮掩，表現得好像很丟臉、很難為情且倍受羞辱的樣子。

有位心理學家說：別人如何對待你，往往取決於你的自我意象感覺。在學校被挑剔的孩子時常會期望有人挑剔。很有自信的男孩看起來會比較有魅力。我相信正面或負面的自我意象都值十公斤重，差別僅在於一增一減。

## 肯定你的伴侶

談到身體自在度，伴侶的做法有很大的影響。各位女士，妳的男人需要知道妳渴望他，包括腰間贅肉在內。而男人，你老婆需要知道妊娠紋和不可避免的重力效應並沒有中止你對她的性趣。下面這段，描述了丈夫的態度如何改變一個女人對自己的看法：

「我討厭自己的身體。每次照鏡子，我只看到自己的小胸部和胖大腿。不論在什麼人面前換衣服，我都會不好意思。然後，當我結婚時，性愛總是令我緊張，因為我害怕丈夫從某幾個角度看我。但是克雷格改變了一切。每次我脫衣，他都微笑地看著我。他告訴我，我的身體有多可愛。他撫摸我的方式讓我相信他是說真的。然後等我進入狀況，終於能夠放鬆身心，享受性愛。從那時候起，我甚至懂得要賣弄一下。現在，我不害怕主動提議做愛了。」

男人啊！懂了嗎？有時候，你必須努力說服另一半，說你發現她的身體很有吸引力。每次她走進商店或打開雜誌，幾乎都接收到錯誤訊息，不斷被修飾過的完美形象轟炸。你必須讓她知道，你覺得她非常性感且嫵媚動人。通常，你們都會因此而受益。

女人需要男人口中說出的愛慕之詞，不只是在男人想要做愛時。就在你們外出或走進教堂時，停下來，好好看看她，然後告訴她：「甜心，妳看起來真是好極了。今天我很驕傲有人看見我跟妳在一起。」

我們活在這樣的世界裡：讚美年輕人、無承諾的性愛、在健身房中付出大量可笑的時間鍛鍊自己的身體。何不扭轉一下這些觀念？再度肯定慷慨無私地生一個、兩個、三個或四個寶寶的女人身體；欣賞那些努力工作養家、沒時間跑到健身房練舉重的男人，因為他們渴望回家，渴望陪他們的孩子玩。

要做到這點，最好的方法是盡情享受你伴侶的身體。探索它、喜愛它、跟它玩、撫摸它、讚美它。

你的身體是美妙的東西，是你能獻給伴侶最好的禮物之一。別自私，要慷慨，同時享受所有的結果！

## 尾聲

# 伴侶是彼此最好的禮物，性愛是一輩子的旅程！

一夜，我慎重地請珊蒂吃頓晚飯。我們去了德瑞克飯店（Hotel Drake）裡一家叫做橡木房（Oak Room）的餐廳，就在芝加哥市中心的密西根大道旁。

珊蒂很喜歡；她擁有瑪莎．史都華（Martha Stewart，美國的女性創業家，經營美食外燴發跡）的味覺，聽了她的心得摘要：「自助餐的食物美味、出色，而且看不到果凍。」我打從心底笑出聲來。大多數的自助餐館、咖啡廳和自助餐吧台，總是拿各色果凍和華麗的派餅來招待客人，不過橡木房並不這麼做。

當然，如果你超級愛果凍，我會建議你去珊蒂和我曾經去過且吃過果凍的其他地方。我們的生活中的確有附帶供應果凍的自助餐，不過有幾晚，我們真的享受上高檔餐館的樂趣。

書近尾聲了，我想告訴你我在撰寫本書期間，對面談的幾對夫妻說過的那些話。我獻給你的祈禱文是：

你將完全體驗到造物主在性愛行爲上爲你設計、要你知道的所有喜悅、歡樂和滿足。我要你將自己的性愛生活提升到新的高度，要你確實祈求上帝幫助你們體驗以前從來沒有體驗過的性愛親密行爲。

為什麼我祈求的是這個？因為如果你祈求性愛親密行為愈來愈茁壯並好好體驗，你的婚姻會變得前所未有的牢固。你會成為更好的父母，你會成為更忠誠的信徒、更有貢獻的社區成員，甚至變成更好的人。

健康的性愛是一種了不起的發明，對我們的身體、關係、心理，甚至心靈都有美好的影響。曾經因為不潔的性愛而受創或沉迷情欲世界的人，可能很難體驗到健康而神聖的性愛會讓人活力十足。對這些人而言，性愛是負擔而不是祝福。

如果你能夠將這樣的困境轉變成神聖的性愛，就會發現一條純然熱情和喜樂的大道，那會讓隆冬的西伯利亞看起來像迪士尼樂園。

關於夫妻間的性愛親密行為，其中一件美好的事是：那是一輩子的旅程。你們現在所處的位置未必會限制你們五年後的所在位置。你們的關係會逐步進展，我已經親眼目睹幾千對夫妻的關係就是這麼發展的。

有時候，這樣的進展會令其中一人或兩人感到震驚。

此時，我特別會想到一個女人，她非常保守。她不會想把車停在沒有兩條清楚分隔線的停車位，如果她開著家用迷你休旅車，甚至不會把車停在標示「小車」的停車位。

不過她老公跟她上床時，她體驗到一種自由、喜悅和熱情，如果沒有外牆阻隔，她的自由、喜悅、熱情足以叫醒半數的鄰居。提醒你，並不是每一次都這樣，不過這足夠讓她老公體認到自己是個多麼幸福的男人。

有時候，夫妻間的性愛饗宴會是真正的美食家體驗；其他時候則像吃速食。有時候，兩人的重點可能是來份「甜點」；其他時候則想點個全餐。最好的事情是：這一切都不錯！上帝很偉大，在性愛方面，祂給了我們一份不可思議的禮物。我希望你愈來愈享受它。

以下是我指派的最後一份作業，也是我的臨別語。請按照這篇祈禱文祈禱：

「親愛的上帝，幫助我知道今晚要如何在性愛上取悅我的伴侶，然後賜給我實踐這一切的性欲。」

如果你由衷地依這篇祈禱文祈禱，它會改變你的婚姻。為什麼不試一試，看看效果如何？

性愛Q&A

# 三十個你想問卻難以啓齒的問題

我喜歡問題。不是某些人可能會問的假設性問題，而是現實生活中，人們一定會問的現實問題。

我匯集並回答了前三十個最常被問的問題，這些問題是透過電子郵件、信件，以及我每年在全美各地多場座談會中提出的。我想，這些問題中，有些是你也想問的。

凱文．李曼博士

## Q1

七個月前，我生了一對雙胞胎男孩，我累壞了。我白天要照顧他們和餵母乳，加上經常陪他們徹夜活動，把我完全榨乾了。

性愛是我最不可能想到的事。夜間我可以睡覺的那幾個小時裡，我只想好好睡個覺。我老公愈來愈……嗯，有點惱怒，這樣說算是客氣，因為我再也沒有時間可以分給他了。

我處於求生模式，而他處於「立即」做愛模式。我們面臨僵局，愈來愈棘手。請幫幫忙！

**A**

我先講個故事。想像一條母鮭魚側躺著逆流而上，喘著最後一口氣。六個陌生人圍繞著這條筋疲力竭的鮭魚，說：「再用力推一下，甜心。就快到了！」七個月前，在妳生那兩個現在占據妳許多時間的小傢伙時，妳就好比那條鮭魚。

坦白說，妳不需要第三個小孩（妳的老公）；妳需要一個能了解小小孩會占用許多時間和心力的男人。面對可愛的雙胞胎，除了摟摟他們、抱抱他們、跟他們說話、餵食、更換尿布，實在沒有其他事情可做。

妳老公要開始行動，表現得像個男人而不是像個嬰兒。他必須成為妳的夥伴，幫忙照顧小孩、做家事、做飯、注意妳的需求，了解妳的體力耗竭到什麼程度。

不過，這並不會讓妳脫離困境。妳需要成為一個聰明人，了解妳老公仍然需要並渴望妳的關注。妳不能永遠敷衍他。等兩個小男生長大了，誰會留下來呢？是妳和妳老公，就你們倆。因此，為了保留一些能量給妳老公，讓他知道他在妳的世界裡很重要，去找個能幫妳忙的人。如果祖母或外婆住在附近，倒是不錯的人選；此外，好朋友及可信賴的保母也幫得上忙。孩子小睡時，妳可以打個盹兒。**家事永遠做不完，而妳和妳老公的關係才是第一要務。**

**Q2**

一個男人需要多常做愛才能維持身心健全？我四十六歲，而我老公三十八歲。我們結婚一年了，他不斷需要做愛，簡直快要耗盡我的元氣（我的意思是，我寧可在家做些其他事，而不是在臥房中辦事）。有沒有一條分界線，能區隔多常做愛才叫健康？多常做愛算縱欲過度（我一直在所有雜誌上閱讀縱欲過度的相關文章）？我要怎麼樣才知道答案？

*A*

性欲高和縱欲之間有很大的差異。有些人只是性趣比一般人高。這沒什麼錯，只要他們對性欲較低落的伴侶表現出體貼、珍愛，並關切對方的感受。

縱欲有一些可以識別的徵象。例如，全神貫注在清晰的色情圖片、對自己的伴侶沒啥性趣、很難感受並體恤另一半、與社會少有聯繫、祕密行為較多（例如，關門或深夜大玩電腦）。

依照妳提問時字裡行間的描述，我相信妳目前面對的是「控制」問題，而不是性愛問題。我認為妳老公只是要以他的方式，並且根據他的時間表做愛。做個小實驗可能很有趣：在半夜搖醒他，跟他做愛，看看會發生什麼事。如果他是所謂的控制狂，我猜妳會在三十天內治好他拿做愛當作控制手段的毛病。

到我辦公室的女人，沒有人會說：「我愛我老公的原因是他控制我的方式。」

**跟妳老公一起坐下來，直接談談這個狀況。毫無保留地把妳的感覺告訴他。要麼他會尊重妳，把妳的話聽進去，不然就是極度貶抑妳的感覺，讓妳覺得有罪惡感。要堅持妳的想法！祝妳好運！**

**Q3**

男人到底是怎麼回事?我老公認為他可以在晚餐時,對我的問題感到不耐煩,在我清理廚房、哄孩子上床的那段時間,翹著二郎腿(我是家庭主婦,所以我認為那是「我的工作」),然後對我刻意擠眉弄眼,引誘我進臥房雲雨一番。對了!他覺得很奇怪,為什麼我會突然對一本書有強烈興趣……

**A**

讓我用個臨床的說法來描述妳老公:他是個白癡。如果妳好不容易決定留在家裡照顧家中的小不點兒,那妳老公實在是個幸運兒。他真的很不尊重妳,更甭提男性沙文主義了,他把妳當作他的私人菲傭和自動販賣機。妳覺得被冒犯是可以理解的。要為妳自己挺身奮戰。寫封信或電子郵件給他,實話實說。趁星期六早上他在家的時候,告訴他:「嗯,親愛的,現在你負責照顧孩子,我兩小時後回來。」然後出門參加其他活動。就妳一個人!別帶孩子!

我永遠忘不了在我們婚姻早期,我老婆去參加一場星期六在教堂舉行的女性研討會。當時我們的女兒一個八個月大,一個三歲大。珊蒂下午五點回到家時,我說:「妳回來啦!妳出去幾天了?」她看著我,好像我瘋了。她早上才出門的啊!然後她問我家庭娛樂室發生了什麼事,即使那天我已經清理了三遍。

妳老公需要一點實際經驗。他需要親自照顧小孩,才會真正感激妳做的這份工作。一旦他去做了,妳家裡就會有轉機。當妳有位願意幫忙的老公,妳會發現自己更願意接受臥房內的翻雲覆雨。

**Q4** 我們結婚才幾個月，而我們都認為，這段時間實在不容易。我們經常吵得你死我活，大部分的爭執圍繞著我們的性愛生活。我們婚前相處得很好（嗯，至少我們過去認為是這樣）。這到底是怎麼回事？

**A** 我要問妳一個問題：當妳步下教堂撒滿花朵的走道時，有多少人結婚？或許妳會說：「李曼博士，當然是兩位，新娘和新郎。也許我數學不靈光，不過誰都算得出來。」

我的回答：「當然是六位，妳覺得呢？」

「六位？李曼，你瘋了嗎？你這數字是怎麼來的？」

在妳結婚那天，至少有六個人結婚。因為除了妳的伴侶外，妳也嫁給了妳的公公和婆婆，而妳老公則是娶了妳的父母。

妳是妳所受家庭教養下的產物。妳要不是從中獲得好處，就是為此付出代價。而且所有這一切都要乘以二，因為妳的伴侶也是他所受教養過程下的產物。妳在婚姻中面臨的許多口角，與妳雙親教導妳或沒有教導妳的事情有關，尤其在性愛方面。

如果今天妳的婚姻進行著一場戰鬥，**妳要明智地花些時間與伴侶討論你們的行為與期望**。如果夫妻的雙人床是婚姻中最擁擠的地方之一（因為所有的影響都來自你們的教養過程），明白知道有誰跟妳睡在一起，難道不會感覺比較好嗎？

**Q5** 我老婆與我對整個性愛體驗的理解完全不同，包括我們能做和不能做的事。這之間有沒有折衷點？我們真的需要一點建議。我老婆覺得談論性事真的很難為情。在她的成長過程中，家裡沒有人談論性愛。

**A** 珊蒂和我結婚時，我完全不知道她帶著一本小書步下紅毯，還把它塞在她的情緒錢包中。直到蜜月旅行時，她對我說：「你以為你在做什麼？」我才發現這件事。

懂吧！我已經違反了她的規則，步入地雷區。

那是一本她帶入婚姻的規則大全，包含她看待生命的方式，還有她對感官、性愛、對與錯的見解。

我發現我也有一本，而且我們的規則完全不同！

這些規則是從哪裡來的？來自我們的雙親和成長的家庭。在某些家庭中，孩子接收到性愛是「骯髒」的訊息。難怪許多人很難開口談論性愛。

但是性愛並不骯髒，它是上帝賜給已婚夫妻美好的禮物之一。

在婚姻中，有一方違反了對方的規則時，一定會有人為此付出代價。那是夫妻陷入大麻煩之所在。因為當你違反伴侶的規則，對方自然的回應是：你不關心我，你只關心你自己。

為何不乾脆彼此交換規則？畢竟，婚姻不就是互相了解對方，一起成長嗎？讓無字的規則攤在陽光下，你會覺得好很多。

**Q6**

昨晚，我走到我老公身後，他正開著電腦「上夜班」。看到他螢幕上的東西——色情圖案和影片，令我非常震驚！他很誠實地告訴我，他從十幾歲開始便一直掙扎看不看色情圖案和影片。我覺得噁心，他怎麼可以看這樣變態的東西呢？他每晚看著螢幕上最性感的身體辦事，我怎麼拿我的「普通」身材刺激他？難怪他說過去三年來有「太多工作要做」！我真的真的感覺被出賣了。我老公說很抱歉被我發現了（可是我實在不確定他的抱歉是否能夠讓他不再看色情影片）。我們此後該何去何從？

**A**

對生活具破壞性影響的事物中，色情影片可能位居前三或前四名，非常容易上癮。那些影像不可抹滅地烙印在妳老公的腦海裡，隨時都可能想起。

現在是妳強硬起來的時候了，要為妳的婚姻而戰。直截了當說出妳的想法，告訴他，妳傷得有多重，妳被出賣的感覺有多深。直言不諱地說：「親愛的，我現在最不想做的事就是跟你做愛。我覺得我們的婚姻被貶低了，而我無法與螢幕上那些火辣的身體媲美。我要你幫助我。」

妳是不是應該跟他一起去找專人諮商呢？不對，他需要自己面對這件事。不過請妳考慮一下這個觀點：對女人來說，色情攸關個人、關係上的背叛。對男人來說，色情是視覺的誘惑（「不過是一張照片罷了」，妳的男人是這樣想的）。但是那樣的照片會在婚姻中造成浩劫，並逐步破壞彼此的信賴，所以建議妳老公採取行動。他會很聰明地在電腦裡裝上隔絕色情影片的保護措施；電腦應該搬到家中常有人經過的房間；工作時，他的電腦螢幕必須斜放，這樣別人才看得到。這些聽起來好像都是些微不足道的步驟，不過卻會阻擋所有的念頭。

**如果他重新安排自己的生活，就會重整自己的心。**

無論如何，重點在於，**應該把這些保護措施裝在電腦和生活中的，是妳老公而不是妳。**

**Q7**

我在雜誌上讀過不少多重高潮的文章，可是我的高潮從來沒有超過一次。我出了什麼問題呢？我老公說是我太緊張了。他把這件事視為他的任務，要看看他在做愛過程中能不能帶給我一次以上的高潮——好像在測試他的男子氣概或什麼似的，可是卻令我更緊張。

**A**

所以，我們的定義很清楚，多重高潮意謂在做愛過程中達到一次以上的高潮。男人啊！讓你老婆多次高潮不代表你贏得了年度猛男獎。某些女人可能達到（且想要達到）多重高潮。如果是這樣，她們就應該努力爭取！

不過事情的真相是：大多數女人無法擁有多重高潮。**大多數女人很努力，才達到一次高潮。因此，試圖強迫達到多重高潮，當然會讓女人緊張。**她可能想要的是：擁有一次高潮，然後在餘韻中溫存——專注在放鬆身心和丈夫身上——而不是感覺有壓力的去做，或達成她不想做的事。

女人接受問卷調查時，絕大多數表示她們偏愛關係中的親密勝過做愛本身。事實上，當女人被問及此事時，九七%會說她們寧可放棄高潮而保有親密感！女性渴望一種心心相印、一種感情上的親密。她們想知道自己被愛、被珍惜是因為自己本來的面目，而不是因為她的反應方式。

所有關係的基礎在於先想到對方而不是自己。現在該是妳老公對妳表現愛和體貼的時候了，而且他要把「獲得成功且表現傑出的驅動力」，轉換到生活中另一個層面：工作場所。

**Q8**

我小時候住在堪薩斯州的一座小鎮，在一個非常保守的家庭中長大。我知道性愛應該是婚姻中非常重要的部分；不過坦白說，我認為性愛對我老公來說，比對我來說重要多了。我知道這聽起來有點瑣碎，我似乎沒有從性愛中得到太多好處（除了兩個小孩之外）。在性愛方面，我是不是錯過了什麼？

***A***

妳是閱讀本書的最佳人選。許多原本宣稱性愛生活「可有可無」的女性，讀完本書卻「哇！」的一聲驚嘆。健康的性愛生活不只對妳老公很重要，對妳也十分重要。

我的意思是：要了解大多數的男人並不難。他們有些基本需求，而這份性滿足離不開尊重，他們也要感覺被人需要。如果男人不覺得老婆想要他，或者老婆沒有傳達很喜歡跟他在一起的訊息，他就會把注意力放在其他地方。

但是，如果妳願意投資時間、體力和遠見，讓妳老公感覺被渴望、被尊重、被需要，他會為妳穿越磚牆；他會做任何事來取悅妳，因為妳是他生命中的英雄。

妳丈夫想要（不，是渴望）成為妳的英雄。如果妳在性愛方面滿足他，他會為了妳在晚上十點跑到藥妝店買東西。當寶寶凌晨三點嚎啕大哭，他會說：「甜心，我起來，妳留在床上。」

這一點妳要相信我。

**Q9** 可不可以自慰？

**A** 可以。怎麼說？把自慰視為一種肉體行為，沒有什麼不對。它可以紓解性方面的緊繃。可是一旦自慰和想像力結合在一起，就可能變成大問題。例如，假設你烈火中燒，而你的伴侶沒性趣，所以你洗澡的時候，自己自慰一下。可是腦子裡不是想著另一半，而是辦公室新來的小辣妹。或者，你利用自慰舒解性壓力來緩和你的性需求，然後累到無法與伴侶做愛。

我永遠忘不了那個發現老公在洗澡時自慰，而嚇得不知所措的女人。她打電話給我，說：「李曼博士，我該怎麼辦？他是一個性變態。」

我說：「這不是世界末日。如果我是妳，我會脫掉衣服，並說：『親愛的，我能幫你服務嗎？』」

在婚姻中，有時候你只想要一頓快餐，就這麼意思意思一下，也可以互相為對方自慰。你的手指間不會長出頭髮，也不會變得老態龍鍾，那些全都是謊言。我們是有性欲的人。

問題是，**當你自慰時，在想什麼？你的新娘？妳的新郎？還有自慰會影響你們的關係到什麼程度？那才是關鍵問題。**

## Q10

在我派駐國外期間，我妻子卻和一位已婚的教會執事外遇。這事發生到現在兩年了，而我們已經挽回了我們的家庭，可是我還是無法和她做愛。我一直想著「另一個男人」，也想知道他有什麼是我沒有的。我一直看到他們在一起做愛的影像。看在孩子的份上，我希望我的婚姻發揮實質作用（雖然有時候我還是發現很難愛我的妻子，她怎麼可以那樣背叛我），可是我不知道能否再讓自己的心冒一次險。我覺得她總是拿我跟另一個男人比較。我真的希望能夠原諒她並忘掉過去，可是好難。

## A

鮮少有事情像經歷婚外情，且事後收拾殘局那般痛苦。不過你們已經復合兩年的事實顯示：你不準備放棄。無論如何，過去兩年來，你為「保持和睦」付出了多少代價？

不要將自己的感覺悶在心裡。這些感覺有個討厭的壞習慣，會在你最不期望的時候偷偷溜出來。如果你真的愛你老婆，你有必要讓你的心有紀律。不要讓你的心浮現老婆跟其他男人在一起的畫面。找你老婆談談；告訴她，你傷得多重、被出賣的感覺有多深、覺得多憤怒，可是你想要繼續走下去。

現在是找個你信賴的良師益友或治療專家談談事情原委的時候了。

談談什麼原因讓外遇「吸引」你的伴侶。優先把時間保留給你老婆，重新建立你們的關係。而她需要做特別的努力，重新贏得你的信賴。這意謂，切斷她跟那個男人的所有關係，拋掉那男人給過她的任何東西，當她說她會在家卻不在家時，要讓你知道她在哪裡。這代表不再說謊，沒有欺騙。

最後，透過性愛在肉體上重新連結，以此做為你承諾愛和忠實的象徵。你做得到的，你們的關係會浴火重生，變得更穩固。

最後，如果你是個忠實的男人，讓我提醒你，如果你想在你的人生中得到上帝寬恕，就必須原諒你老婆。

**Q11**

我正經歷辛苦的懷孕期，我老公卻一直渴望性愛。我要怎樣讓這可憐的傢伙得到一點快樂？性愛本是他應得的，可是醫師說，要等到孩子出生以後，才可以做愛。有什麼解決方法嗎？

**A**

我很高興妳提出這個問題。各位女士，有時候就是必須有點小創意。例如，每月月經來潮或是醫師有特別吩咐，或者妳覺得肚子很大，不舒服，幾乎沒有空間留給肚子裡的孩子，更甭提快樂先生了。此外，剛分娩過後，說得客氣點「會略帶疼痛」，而妳老公卻急著採取行動，妳可能有必要做些調整。

這些時候，妳需要用手好好表現妳對老公的愛，在婚姻中，這是完全許可的。在他需要一頓快餐，紓解性愛造成的緊張時，你們可以這麼做。那不過是在你們一起建立的小窩中，做點小事，讓妳的男人快樂而滿足。妳也可以像大多數女人一樣，在妳累得無法做愛時，把這招派上用場。有時候，這麼做的目標只是為了滿足妳老公，因為妳愛他，心中希望他保持最佳狀態。

**婚姻其實就是：知道你愛的人需要什麼，並以創意、深情的方式滿足對方的需要。**

## Q12

我好失望啊！我老婆和我兩週前剛度完蜜月。我們結婚時，兩人都是處子、處女，而且都三十多歲了，所以我們為性愛等了好長好長的時間。可是我們都很失望。對一個想要取悅新娘的男人來說，你無法想像有多糟，再加上她竟然對你等待許久的事情不怎麼感興趣。

我剛讀過一些避孕藥相關文章，發現避孕藥有時候會抑制女人的性欲。這是真的嗎？或者是雜誌上的小道消息？我如何幫助我的新娘？我如何幫助我們？

**A**

對於避孕藥的問題，可能有些爭議，不妨請教你的醫師。

同時，讓我帶你朝不同的方向思考，因為我不相信避孕藥是問題的重點。如果我交給你一把小提琴，然後說：「拉吧！」你可能會對我說：「我不會拉小提琴。」可是如果我堅持：「快，我就是要你拉。把弓拿起來．開始拉。」你可能至少會試一下。

如果你像大多數人第一次拿起小提琴，你會拉出相當難聽的聲音，這時我會說：「好，很好！」我猜你會回頭看著我說：「好嗎？簡直糟透了！我說過我不會拉小提琴。」

我會說：「沒錯，雖然你拉出來的是噪音，但這只是你第一次拉而已啊！」

剛開始，你的性愛生活很像學習新樂器。你需要做的是學習如何創造音樂，你的工作是和妻子一起創造交響曲，她顯然和你一樣等待許久，才能分享婚姻中這個特殊的部分。

**偉大的性愛需要時間才能臻至完美，絕不是像有些專家要我們相信的那樣自然而然。**所以，和你所愛的人一起享受「在職訓練」吧！

**Q13**

我老公真的想要我主動求愛，可是坦白說，那樣做有點難為情。我一直是在「男追女」的劇情下長大的。不管他這樣要求是什麼意思，為什麼我主動追求的動作對他那麼重要？

## A

很好，妳能想到妳的男人在要求什麼，還因為夠愛他而想要突破那份難為情。這樣想好了：假設妳第一次打網球。容易嗎？妳揮的每一球都能過網嗎？還是有時候沒擊中球？不論什麼事，第一次都會覺得笨手笨腳。妳不熟練，所以不會每一次都做對。可是妳知道嗎？重點是妳正在嘗試……而妳的男人也知道。

妳所愛的男人已經告訴妳，他喜歡妳跟他一起做什麼事，什麼樣的事會讓他肯定自己是個男人，讓他覺得有男子氣概且倍受珍愛，而妳是讓他快樂最重要的因素！

**在兩人的關係中，妳已經是贏家。讓男人說出他們真正的感覺實在非常重要；顯然，他信得過妳，敢與妳交心，而這是件美好的事。**大多數女性有許多朋友，可是妳丈夫有多少朋友呢？很可能他只有一位靈魂伴侶，就是——妳！而且在他的優先名單中，他把妳擺在非常高的位置。

如果妳不確定「主動」是什麼意思，不妨問問他。有些男人會性幻想裸女抓著他脖子上的領帶，撕開身上的襯衫，在實木地板上做愛。唔，電影中有女人做過這樣的事。那表示妳也必須這麼做嗎？妳倒不必裝「火辣」才能主動求愛，才能取悅妳的伴侶。找出對你們都有效的方法，來點創意，作風大膽一點。妳有必要害怕什麼嗎？妳這麼做是為了妳所愛的男人啊！

## Q14

我成長在一個受虐家庭。在我未滿十歲前，我的繼父和他的弟弟，不僅凌虐我的身體，還對我性侵害。我愛我的老公，也想給他我的愛，可是就連想到性愛，我都會覺得反感。我似乎無法關掉孩提時發生在我身上的影像。救救我！

*A*

我為妳的勇氣鼓掌，也提供妳一些建議。發生在妳身上的事不是妳的錯，起因不在妳。事情會發生是因為這世上有傷害小孩的惡魔和病態的人。這很難令人相信，妳所遭受的性侵害與上帝計畫的性愛毫無關係，而是跟權力和控制密不可分。我很高興妳嫁了一個妳所愛的人，而妳愛他的程度足以讓妳願意說出自己過去的問題，好讓你們邁入健康、滿足的性關係。

現在是回復妳性愛能力的時候了。跟妳老公談談，告訴他妳有多麼愛他，還有為什麼做愛對妳來說那麼困難。在妳從創傷中癒合的過程中，請求他的幫助和耐心。找一位支持妳的治療家一起努力，幫助妳重塑妳的性愛觀（過去發生在妳身上的不是愛）。有時候，這可能意謂一段時間（例如一年）沒有「性」方面的互動，給自己時間治療並享受不像從前一樣痛苦的感官觸摸。要明確知道，將來必定能與妳老公一起真正享受性愛。

**重點在於：妳和妳老公一起朝目標前進。**回溯過去的記憶會很費時且情緒激動。這段時間，**你們要溫柔且有耐性地對待對方**，而妳會超越自己的性愛史，了解性愛的本意。

**Q15**

我老婆慣用的方式無法令我燃起性欲。我試過了，可是似乎無法激起從前的感覺。在衰老的過程中，這是婚姻必然的現象嗎？還是我能夠做些什麼？

A

歡迎來到現實世界。其他一百萬個男人（還有女人）也有同感。這裡要告訴你，當一個男人結婚時，他心裡是這樣想的：喔，耶！我剛贏得了大獎。現在我要無時無刻做愛。任何時間，我想做就做。任何方式，愛怎麼做就怎麼做，要做幾次就做幾次。這才是人生……

有沒有注意到上述句子中所有「我」的表達方式嗎？有點自私，對不對？所以，老婆要配合這個「我」世界中的哪一點？還有，「她」的需求怎麼辦？

你老婆不是在一旁等著實現你所有的性愛樂趣。她的目的是在各方面成為你的幫手和靈魂伴侶。同樣地，你也應該如此。你也需要成為老婆的幫手，那意謂要替她設想，不是只想到你自己。你老婆想要什麼？被溫柔地抱著、被珍惜且有人聆聽她講話。即使不是她的生日或聖誕節，也要想到她。她要你聆聽並分享她的感受。如果你做這些事並注意你老婆的需求，就會開始了解她是什麼樣的人。你會見到她美麗的心，而她也會變得更具吸引力。

**我要你列一份清單，舉出你老婆有價值的所有事項。等你了解她的價值，你的情緒也會跟著改變。**你可能感受不到「跟從前同樣的感覺」，可是你會感受到某種更好的東西，那是一種成熟的愛，會一直持續在你的後半輩子裡。然後看看你的性愛生活會出現什麼改變。

## Q16

我老婆真的很難達到高潮，似乎只有我用手指或嘴巴刺激她的陰核才辦得到。難道她不能從一般性交過程中達到高潮嗎？

**A**

請在此打住，因為你得到了一些錯誤的資訊。不過不只你這樣，許多男人和女人對這點都很困惑。

他們都認為，光是透過性交，女人應該就能達到高潮。**可是只有三分之一的女人只透過性交便達到高潮，三分之二的女人需要直接刺激才能達到高潮**。所以，如果你老婆屬於需要直接刺激的類型，那她跟大多數人一樣。

如果我問妳老婆這個問題：「妳老公是哪一種情人？」她會怎麼說？

事情的真相是：好的性愛不僅仰賴你在臥房內所做的事情，同時仰賴或更仰賴你在臥房外的行為。關注你老婆在婚姻中各方面的需要，當時機到來，她會準備好與你一起體驗絕妙的性愛經驗。

再者，她需要刺激陰核的事實也很普遍，只不過你觸摸那件細緻小樂器的方式會讓整個世界變得不一樣。

許多女人喜歡先來間接刺激，接著才是非常直接的刺激。有些女性享受用非常輕微的觸摸來挑逗敏感地帶，再加上言語愛撫，親密地分享你有多愛她。

坦白說，在最佳狀態下，你的食指比快樂先生更能帶領她達到令人振奮的高潮。無意冒犯快樂先生喔！

## Q17

在我對性愛沒有較好的認知以前，就跟許多男人睡過覺。這話聽起來讓人覺得我很糟糕，對不對？可是如果你認識我，你絕不會認為我是「那種女孩」。我嫁給賽斯時，他是個處男，我以為那樣的日子終於結束了。可是，每一次我們做愛，我腦海中總會閃過其他男人的影像。有一次我達到高潮時，甚至叫錯名字。賽斯從不提這件事，可是我分辨得出，這事真的很困擾他。我知道我的過去應該成為過去式，可是為什麼老是在最不適宜的時候浮現呢？請幫幫我！

## A

我們直截了當地說好了。沒有一個正常的男人希望被拿來跟其他男人比較，尤其在性能力這個領域。而身為處男的賽斯，在娶妳之前沒有任何性經驗。對他來說，這很奇妙，因為妳是他性愛菜單上唯一的選項。不過，妳的性經驗可能令他覺得自己笨手笨腳，像沒有經驗的青少年，不知道如何踏出第一步。

告訴妳老公，妳後悔過去所發生的事，有時候妳努力要抹去其他男人的影像。不是妳不愛他或不渴望他，而是因為那些經驗的強度太大。不過，**要向他保證，他——而且就他一個人——現在是妳的男人**。白天不斷想著他；在他的午餐盒中放入愛的紙條；寄一封電子郵件給他，告訴他妳正在期盼與他相處的時光。**守住妳的思緒，如果舊情人的影像突然出現在妳腦海裡，別想他們，想著妳老公的臉龐和身體**。在這張婚姻的雙人床上，發展妳自己的性愛旋律，是你們夫妻倆獨一無二的性愛旋律。這些微不足道的步驟有助於指引妳的思維朝純淨的方向走，讓妳走向選擇妳為終生伴侶的丈夫。

**Q18** 我已經訂婚了，我們會在三個月內結婚。我知道這聽起來真的很古板，不過我們倆都是處子。然而，隨著婚期日近，我愈了解我們之間有多大的不同。有時候，差異太大，我變得有點緊張不安，雖然我全心全意地愛他。

**A** **歡迎見識男女關係的實際面！男性和女性是不同的。但就是那些不同點使你們成為夫妻。**畢竟，跟自己一模一樣的人結婚有什麼樂趣可言？（我保證不會和睦相處太久）當初，你們之間的差異才讓你們彼此吸引，兩眼迷離的盯著對方。《聖經》說，我們的受造，是極其奇妙、可畏，而我們真的是這樣。妳猜怎麼著？有趣的是，將宇宙錯綜複雜的事物擺在一起，並將血球放入我們身體中的那位造物主，祂在婚姻中給男人和給女人的需求是不一樣的。

對男人來說，排名第一的需求是滿足（是的，性滿足是其中一部分）。排名第二的需求是尊重（而妳對他的尊重，在他的名單中是分量最高的）。排名第三的是被人需要的需求（哪個男人希望回到家中面對的是，以她自己的決定做每一件事，且似乎不需要他的老婆？）

對女人來說，排名第一的需求是情愛（為了親密而擁抱），排名第二的是溝通，排名第三的是對家庭的承諾。這是什麼意思呢？當她老公回到家時，女人需要聽到一個個字、句子和整段話，而不是抱怨。她要知道老公會參加兒子的足球比賽以及女兒的芭蕾舞演出。

那麼，為何上帝要給男人和女人不同的需求，再命令他們「合而為一」？也許這樣，他們才能透過彼此的眼睛享受這趟旅程。**合而為一容易嗎？不見得。不過當你透過所愛之人的眼睛體驗生命，想想其中蘊藏什麼樣的樂趣。**你們的婚姻會因此而受到祝福。

**Q19**

在我的婚姻中，我在性愛方面真的很掙扎。我的老公實在……很無趣。你瞧，這是我的看法。而我最好的女友說：「他是不會改變的啦！記得那次妳提到這件事，他說：『哦，妳以前喜歡這樣的啊！怎麼變了呢？』小女孩啊！那個男人實在蠢得可以。」我有任何希望嗎？

**A**

好，在此先打住。妳對妳的女友談論妳的性愛生活？那就等同於違背妳的婚姻誓言，跟妳老公向他同事廣播妳的體重與胸圍沒什麼兩樣。仔細想想吧！在婚姻中，妳與伴侶之間所發生的事，應該僅止於你們之間，除非你們在做專業諮商。

夫妻倆一起找一位值得信賴的良師或諮商師談話；這跟與妳的女友針對妳的男人說長道短是有差別的。如果妳想趕走妳老公，這麼做可是個好方法。可是妳真的想要這樣嗎？

停一分鐘，數數看妳有幾個密友。現在數數看妳老公有幾個密友。妳只需要用一根手指就數完了，對吧？如果妳老公是個典型的男人，他除了妳以外沒有可以談心的朋友了。這意謂他生性會與別人保持距離。妳很幸運，跟他那麼親近，可以成為他心中的第一順位。妳因為關係而茁壯，而且妳每天的說話量是他的三又二分之一倍。

所以，**跟妳老公談談話吧**（語氣溫和，不要苛求）！**告訴他，妳多愛他、多感謝他。告訴他妳想嘗試某些新技巧，就從今夜開始。**就這麼稍微帶到，加上暗示性的挑逗表情，應該足以讓血性男人了解並願意嘗試某些不同的東西。祝玩得開心！

**Q20** 我是一名田徑選手，正在做馬拉松訓練。我真的喜愛健身，所以做了許多健身運動。我老公愈來愈容易生我的氣，因為他說我們沒有足夠的時間相處——你知道我指的是什麼。可是，難道我不應該做我喜歡的事情嗎？

**A** 如果妳是典型的女人，妳的生活壓力會大到足以沉掉一頭大象。妳會有小不點兒大軍包圍著妳，荷爾蒙激素上升使妳暴躁易怒，而且往往還有個苛求的老公。妳很忙，這無庸置疑。而且，妳應該得到且需要一些自由時間。但是要記住：在我輔導夫妻的這些年來，我有個驚奇的發現：體驗過美好性生活的女人，生活中的壓力較少。為什麼呢？

妳曾經聽過這則廣告標語嗎？「你在好事達（Allstate）保險公司的妥善保護下。」不管是誰想到的，絕對是個天才。這在婚姻中一樣行得通。

**如果妳在性愛方面滿足了老公，妳會受到妥善的照顧。**妳會有一個快樂、滿足的老公，當妳在跑步時，他會願意重新安排時間，照顧孩子。在妳跑完馬拉松時，他會在終點線上為妳鼓舞歡呼！

如果妳在性愛方面得到滿足，妳會更感謝妳的老公；妳會更感激生命；妳會更常微笑；妳會成為更好的媽媽；妳甚至會成為更好的馬拉松選手。這些都是妳在婚姻中爭取健康性愛生活的好理由，不是嗎？

## Q21

我剛慶祝完六十歲生日。我想我有點害怕行房時，下面會突然不管用。有沒有什麼絕招？

## A

年老以後，許多人的動作都會慢下來，我們理當知道。我現在活到第六個十年，而我已經將性愛次數減少到一週四次。

這是事實，男人在十八至二十歲之間達到性欲的巔峰。然而就像我父親說的：「老的小提琴也可以拉出許多旋律。」沒道理因為你過了六十歲生日，就無法享受積極、滿足、美妙的性生活。事實上，大多數的夫妻表示，他們愈上了年紀，性生活愈美好（畢竟，沒有小傢伙會來撞開房門，要你關注……或者在你高潮時大吐特吐）！

不過重要的是，你意識到自己年邁的身體正在改變。對男人來說，可能需要花更長的時間勃起。**不過朝光明面看，這意謂著可以花更長的時間和老婆親熱，並享受老婆的撫摸。**

對女人來說，雌激素濃度會下降，皮膚會變得更乾燥、更敏感，陰道則需要更多潤滑。星期五感覺好的事物，星期一不見得感覺好。不過有趣的是，許多女人表示，停經後在性方面感覺到一股更熱情的自由，這是值得慶祝的！

當然，你的身體正在改變，不過你最重要的性器官——你的心——還是在崗位上。把未來幾年當作一個機會，以愛的方式與你所愛的人探索這樣的改變。正面的態度會改變一切。

**Q22** 我一直把我老公想成一個品行非常端正的人，不過我認為他太常想到性，當然比我還嚴重。他有哪裡不對勁嗎？

**A** 我給妳來個隨堂測驗。在婚姻中，誰比較常想到性，是男人？還是女人？

如果妳說：「是男人。」那妳答對了。

接下來是問題的第二部分。這是選擇題。男人想到性愛的頻率有多高？是女人的兩倍？

五倍？

十倍？

三十三倍？

而答案是……三十三倍！當我把這個統計數字跟我老婆分享時，她說：「病態！」一個女人告訴我：「嗯，我會想到性，不過那是因為他不斷製造氣氛。」

所以，男人真的整天都在想「性」嗎？這是已知的事實。另一個角度的觀點：男人在想性的時候，到底在想什麼？他會想著性的神聖、純潔嗎？當然會，如果他是在想妳，想他的另一半，那就是神聖、純潔。**如果他在想擦著妳的背、取悅妳、和妳在臥房裡消磨，這樣當然是對的。這是健康的，畢竟你們是夫妻。**

所以，總結一下，如果妳老公很常想到「性」，那他是雄性動物中的典型。那麼為何不好好狂歡呢？為何不寄給他一封電子郵件，裡面寫著：「大男孩，我在等你喔！趕快回家吧！」聰明的女人是以這樣有創意且好玩的方式，來處理老公的性能量。

## Q23

我是一名二十六歲的家庭主婦，有個兩歲大、剛學會走路的孩子，而我的性愛生活只存在我的腦海裡。我真希望哪個晚上被我老公好好愛愛（或早晨、午睡時間或什麼時間都行！）可是有了小孩後，他對我似乎不像過去那樣興致勃勃。我的女性朋友都巴不得她們的老公一週要求做愛一次就好。我需要一個真正的情人，而不只是共用同一個姓氏的男人。

## A

我常聽到：「你知道嗎？婚前我們好像兩隻原野上的小兔子，然後我們結婚了，而我們的性生活卻掉進了垃圾車裡。發生了什麼事？」

約會的時候，一切既新鮮又興奮。妳的男人正做著男人天生會做的事——瞄準一個目標，贏得妳的愛。

然後你們結婚了，「現實生活」和工作插了進來，你們替家庭增加一或兩個快樂的小吸盤，吸乾了你們的時間和精力，更甭提那些沒完沒了的計畫和活動。

達成情愛目標的男人會認為：嘿，我把婚姻這份工作做好了，對吧？現在輪到清單上接下來的事項……例如，為我的家庭做財務上的準備，在地下室做一道內牆。

可是女人每天都要問：「你真的愛我嗎？你真的在乎嗎？」如果妳老公稍微感覺到妳所要求的，他可能會說：「當然，我愛妳。結婚的時候，我就說過我愛妳，不是嗎？」看看，兩人的觀點有多大的差別？你們需要好好談談。**妳有必要放妳老公一馬，而妳老公需要重新安排他的優先順序。愛並非只是一次的感覺，而是連續動作。**如果他過度忙碌，看看哪個晚上妳能否去除他「待辦事項」清單中的某些事項（這可能是妳當初放進去的）。把小孩送到祖母或外婆那裡，準備一頓他最愛的晚餐，穿上他無法抗拒的睡衣，然後等待那一刻來臨……

## Q24

在情愛和性愛滿足這方面，內人令我覺得非常沒有成就感，我甚至不知道從哪裡開始。我們結婚四十年了，我一直是好幫手、有耐心的支持者、勞動者、教養者。我從來不強迫內人做愛，可是我會要求。我很希望有時候由她開口，可是我們往往就這樣八個月不做愛。當我們做愛時，那股興奮肯定只有我感受到。我一直很愛內人，對她很忠實，然而經過這段時間，我還是覺得不滿足。我哪裡做錯了？我覺得好孤單、倍受忽視。

## A

我為你主動提出問題的勇氣鼓掌。婚姻實在是非常珍貴的結合，讓人不得不為此而奮戰！性愛生活飽受折磨的夫妻通常要面對未解決的問題、過去的創傷或性虐待等問題。為什麼不把**那些面具脫掉呢？為什麼不向你老婆說出你的真心話？去找出你要求性愛時，她的腦袋裡在**

**想什麼**。也許她帶著性愛是「骯髒」的觀念長大，或許因為某種原因，她對你心存埋怨。你已經等了四十年，是時候了吧？該要知道你老婆為何保留心中的愛？

如果你的車子沒有八個汽缸完全啟動，你一定會把車送到汽車修理廠，對吧？如果你的婚姻沒有八個汽缸完全啟動，有時候需要外來諮商的協助。找個很忙的諮商師。是的，你的解讀正確。同意跟你談幾個時段並直指問題核心的諮商師，對你的幫助一定勝過想幫你持續「處理」兩年的諮商師。在發現問題的過程中，要向你老婆保證，你會在旁邊支持她，兩人一起解決問題。

四十年是一筆很大的投資，別讓這樣的投資變成一無所有。

**Q25** 我知道我目前的做法是對的，不過卻沒有得到預期回應。我哪裡做錯了？

**A** 幾年前，我諮商過一名男子，具備男人擁有的諸多症狀。有一天，他對我說：「我不明白，我老婆星期二愛一樣東西，到了星期六，她卻用氣炸了的聲音說：『你在幹什麼啊？』」

各位男士，如果你們把跟老婆做愛想成足球教學範本，這麼做，然後那麼做，再那麼做，你可就大錯特錯！**跟老婆做愛無關G點、I點或X點，而是關乎情愛關係**。這樣想好了：性愛是上帝賜予的禮物，而且是你必須跟人協調一致才能臻至完美的東西；答案當然是你的新娘。我真的相信性愛應該ASAP，也就是「盡可能慢」。記住，大部分女人比較像陶瓷燉鍋，比較不像微波爐。她們是慢熱的，跟隨時準備暴衝的大部分男人相較，呈鮮明對比。

你老婆就像嬌弱的植物，需要培植、養育、澆水，小心翼翼對待；她跟你不一樣。男人比較機械化。然而，如果你用機械化的方式對待你老婆，她可會性欲全失。你會讓她覺得被利用了、被虐待了。你老婆需要你輕聲細語地表達情愛和感激；就像水和光之於植物。如果你像對待嬌弱的植物一樣對待你老婆，她會覺得被你擁抱，然後她會像花開一樣變得健康、自信。她會來到光亮中的特殊位置，說：「別停！就是那裡。你找到了！」突然間，她變成了啦啦隊長。然後猜猜看，她正在體驗那份快感嗎？這一切都是因為你啊！

**Q26**

我知道你說性生活非常重要，可是有時候，生活就是忙得不得了。我們都要上班，還有三個孩子，以及其他必須完成的「生活上的東西」，甚至要找時間在一起都很難。

**A**

我承認，在李曼婚姻中的某些夜晚是沒有什麼前奏的。我頭沾枕，然後說：「做愛。」我老婆頭沾枕，然後說：「做愛。」然後，我們做完愛，睡覺。

面對這個問題吧！我們都過著忙亂的生活，沒有採用應該的方式將時間保留給對方。可是，如果你在意你的婚姻，就必須為此而奮戰。這表示，你會找時間，會撥時間出來。找個保母，一週約會一次。有時候甚至花些錢，上旅館開房間。

有人可能會說：「喔，天哪！李曼，這樣的建議好古怪喔！」你知道我要說什麼嗎？「嘿，你是那種有電漿電視的人。你花錢支付每一樣東西，為什麼不將錢投資在你和另一半的關係上呢？」

順道一提，為人父母似乎被迫要讓孩子感覺他們像宇宙的中心。因此，你們拿各種活動填滿孩子的生活，自己則疲於奔命，好讓孩子「成功」。我要問問你們幾個問題：如果孩子是宇宙的中心，那麼哪裡有空間容納全能的上帝？哪裡有空間容納你和你伴侶過健康的性生活？**將來某一天，孩子會離開你們的小窩，而中間這段時間，孩子可能會拆散你們倆。把時間留給你們的「夫妻關係」，優先考量夫妻關係。那是會持續一輩子的事情。**

## Q27

我老公一直努力工作且陶醉在工作裡。不過三個月前，公司裁員，他丟了工作。從那之後，他不一樣了。他閒坐在家裡，有點鬱悶。既然他沒工作，至少可以幫我做做家事（我有一份全職工作），可是他似乎沒有做任何事情的動機。至於做愛呢？簡直是笑話。他總是說「太累了」。我希望我的老公回來。

## A

關於男人，有些東西妳必須了解。男人主要是透過工作來認同自己。女人可以在家庭以外的地方工作，不論是當美國航空的駕駛員、外科醫師或圖書館員都行。不過女人並不會像男人一樣透過工作來認同自己；而男人就「等於」他們的工作。

這表示，妳老公一旦丟了工作，他就沒了身分。他可能會狠批自己不是個男人，因為他連家也養不起。妳有工作的事實（財務上頗有助益），甚至會讓他覺得更糟，好像妳是家庭中「當家作主」的人。他之所以在家閒坐，其實是要表達：「我真沒用，妳不需要我。」**他把所有的失敗內化了，然後一副沮喪的模樣，且身體、情緒、性愛上無法正常運作。**最後甚至可能演變成性功能障礙。

妳老公可能需要值得信賴的治療師或醫師出手治療，不過他當然需要妳正面的鼓勵。**他需要聽到妳說，不論他是誰，妳都會愛他，妳的人生需要他，是他使妳的人生全然不同。**然後接受他所能付出的，不論是少量或許多。即使他受到挫折，他還是需要成為妳的英雄，感覺妳需要他。

**Q28**

談到性愛需求，我是一週五次郎。我光是看見我老婆穿內衣 就準備提槍上陣。而我老婆呢？她是一個月一次的那種女人。有時候，我因為性能量過大，覺得整個人快爆炸了。我們要怎麼做，才能達到某種程度的協調？

**A**

我很喜歡研究人員說的這些話：「你認為男人偏愛什麼時候跟老婆親熱？早晨？還是晚上？」我可以聽見你們有些人會說：「兩個時段都愛。」不能這樣回答，必須選一個答案。「早晨！」女人偏愛在什麼時候跟老公親熱？答案是：「六月！」

說正經的，真相是：男人和女人是不一樣的。難怪夫妻最常因為性愛的頻率起爭執。女人以為，所有的男人都只想到性。事實不然，我們也會考慮其他事情，例如食物和娛樂體育網。所以，男人在關係中通常扮演積極的角色也不足為奇了。可是如果女人覺得她永遠一定要回應丈夫積極求愛的行為，那我告訴你，女人會覺得自己被貶低且不受尊重。

**性愛並不是你用來削弱性緊張的利器，而是夫妻一起享受的美好事物。所以我建議稍微調降你的期待，把重點放在用其他非性愛的方式取悅你老婆。**舉例來說，在我的婚姻裡，身為每天早晨替我老婆帶一杯咖啡回家的男人，我知道取悅女人這些小事有多重要。如果你取悅她，讓她知道你真的在乎她，她對你會比較有反應。

**Q29**

有些日子裡，我覺得自己快被所有的責任壓垮了，包括丈夫、孩子、每餐膳食、亂七八糟的屋子、待洗的衣服。我感覺自己永遠無法休息，我是一天二十四小時、一週七天值班，沒完沒了。等老公晚上終於回到家，我已經筋疲力竭，可是還是得繼續這樣下去。他想做愛，而我只想睡覺。難道只是期望自己有時間也算自私嗎？

**A**

我想把這句話說得很明確：每個女人都需要有自己的時間。我把像妳這樣的女人叫做「魔鬼氈女人」，因為每一件事都黏著妳，每一個人都需要妳的某一塊。難怪妳有時候覺得疲憊不堪。任憑是誰，一天二十四小時、一週七天值班，鐵定會些微發瘋。畢竟，妳老公每天花八到十小時工作，然後他就回家囉！妳也應該要休息啊！

麻煩的地方在於：妳必須擔負那份責任，因為沒有其他人會這麼做。對妳來說，繼續下去實在太容易了。

所以呢？好好計畫吧！找幾位值得信賴且希望合作照顧小孩的朋友或鄰居：「如果妳星期四幫我看小孩的話，我星期二幫妳看小孩。」**開始把待辦事項清單分給妳的家人，就連小小孩都可以負責幾個項目。**

在妳的行事曆中保留自己做事的時間，不論是在家裡附近跑跑、替古董書桌上漆或賞鳥都行。因為妳的態度改變了，家中每一個人都會因此而獲益，包括妳老公在內。

**Q30**

李曼博士，我最近聽了你的訪談節目，激起我的興趣。我只聽到片段，不過我記得你用了這樣的措辭：「性愛始於廚房。」這話跟「要抓男人的心，先要抓住他的胃」是不是有異曲同工之妙？

A

不一樣，不過我要激起妳另一種不同的想法。《性愛始於廚房》是我的著作，這本書已經被翻譯成三十二種語言。我相信它是我撰寫過的最佳著作之一。我在這本書裡闡明，男人在臥室以外的地方跟老婆做愛是明智的。這代表什麼意思？這代表男人是個幫手，幫忙孩子做家庭作業，哄孩子上床睡覺。他跟家人輪流擔任接送工作，載孩子去學東西。他是個好爹地、是體貼的老公。他會聽她說一整天做了什麼事，因為他知道這對老婆而言很重要，而且因為他們倆同心。他運用他的權威保護、服務、取悅她。

你瞧，每天將老公如何服務她和雙方家人的情況全都情緒性地記錄下來，而她對這些記錄的感覺攸關她是否有時間，且有意願與老公在臥房內幽會。**如果女人覺得老公珍愛她，她會更願意在床笫之間跟他幽會。而如果老公在性愛上得到滿足，他會願意替他的老婆擋子彈。**那就是愛，那就是犧牲，那就是婚姻的一切。

床上學
心理學家才懂的性愛誘惑心理
Sheet Music
Uncovering the Secrets of Sexual Intimacy in Marriage


野人家66

作　　者　凱文．李曼博士（Dr. Kevin Leman）

總 編 輯　張瑩瑩
副總編輯　蔡麗真
責任編輯　蔡麗真
專業校對　黃怡瑗
美術設計　洪素貞(suzan1009@gmail.com)
封面設計　廖韡
行銷企畫　林麗紅

出　　版　野人文化股份有限公司
發　　行　遠足文化事業股份有限公司(讀書共和國出版集團)
地址：231新北市新店區民權路108-2號9樓
電話：（02）2218-1417　傳真：（02）8667-1065
電子信箱：service@bookrep.com.tw
網址：www.bookrep.com.tw
郵撥帳號：19504465遠足文化事業股份有限公司
客服專線：0800-221-029
法律顧問　華洋法律事務所 蘇文生律師
印　　製　成陽印刷股份有限公司
初版首刷　2011年2月
三版４刷　2023年6月

定　　價　340元



歡迎團體訂購，另有優惠，請洽業務部（02）22181417分機1124


國家圖書館出版品預行編目資料

床上：心理醫師才懂的誘惑性愛心理學 / 凱文.李曼(Kevin Lerman)作. -- 再版. -- 新北市：野人文化出版：遠足文化發行, 2015.07
面；　公分. -- (野人家；66)
譯自：Sheet music : uncovering the secrets of sexual intimacy in marriage
ISBN 978-986-384-066-4(平裝)

1.兩性關係 2.性教育

544.7　　104008333

SHEET MUSIC: UNCOVERING THE SECRETS OF SEXUAL INTIMACY IN MARRIAGE by DR. KEVIN LEMAN



床上
心理醫師才懂的誘惑性愛心理學
線上讀者回函專用 QR CODE，您的寶貴意見，將是我們進步的最大動力。